Einführung in die Welt der Permakultur
Ihre Ersten Schritte zum Selbstversorger
Das Handbuch für Einsteiger

Gudrun Berger

EINFÜHRUNG IN DIE WELT DER PERMAKULTUR

• IHRE ERSTEN SCHRITTE ZUM SELBSTVERSORGER •

DAS HANDBUCH FÜR EINSTEIGER

Deutschsprachige Erstausgabe April 2020

Imprint: Bücherglück
Michael Jagielski | Grainauerstraße 1 | 10777 Berlin

Covergestaltung, Layout und Satz: Wolkenart - Marie-Katharina Wölk,
www.wolkenart.com
Bildmaterial: ©Shutterstock.com

Independently published
1. Auflage
ISBN: 978-3-9821935-0-2

Inhaltsverzeichnis

Vorwort

Liebe Leserinnen und Leser,
jeder hat eine eigene Philosophie davon, was Permakultur ist. Für die eine Person ist es ein wundervoller Weg zu einer nachhaltigen Welt und für die andere Person ist es der Traum von einem kleinen Ökosystem im eigenen Garten…

Vielleicht haben Sie gerade ein nettes Stück Garten erworben oder Sie träumen schon länger von einem Permagarten. Vielleicht haben sie gerade erst von der Bezeichnung „Permakultur" erfahren und möchten sich jetzt auf die Reise begeben…

Einführung in die Welt der Permakultur dient Ihnen als Anfänger dazu, Grundwissen und Verständnis für den Bereich Permakultur aufzubauen.

Sie werden Ihren ersten Entwurf anfertigen und mit Themen wie Terra Preta und Kompost in Kontakt treten. Sie werden auch verschiedene Obst-, Gemüse- und Kräutersorten finden und erfahren, wer gute und wer schlechte Nachbarn sind u.v.m.

Dabei soll Ihnen das Buch als kleines Nachschlagewerk dienen und Sie auf den ersten Wegen begleiten.

Machen Sie also mit diesem Buch die ersten Schritte in der Permakultur und planen Sie Ihren ersten Permagarten und setzen Sie somit den Grundstein für Ihre eigene Permakultur.

Sollten Sie Anregungen haben, dann kontaktieren Sie uns gerne unter buecher.glueck@web.de

Wir bedanken uns recht herzlich und wünschen Ihnen viel Spaß

Ihr Bücherglück-Team

Kapitel 1. Einblicke in die traumhafte Welt der Permakultur

Kapitel 1.1. Was ist Permakultur denn eigentlich?

1911 benutzte der amerikanische Agrarwissenschaftler Franklin Hiram King das Wort Permakultur zum ersten Mal. Er verwendete es, um die nachhaltig betriebene Landwirtschaft in China, Japan und Korea zu beschreiben. Bekannt wurde es in den 1970er-Jahren, als die Australier David Holmgren und Bill Mollison die Grundlagen für die Permakultur schufen, wie wir sie heute kennen.

Der Begriff Permakultur setzt sich aus den beiden englischen Wörtern permanent = ständig und agriculture = Landwirtschaft zusammen.

Für Ihren Permagarten bedeutet das, dass Sie sich einen dauerhaften Garten anlegen, in dem immer etwas wächst, in dem Sie ständig ernten können. In einem Permagarten wachsen Pflanzen, die sich selbst aussäen und vermehren. Ihr Permagarten, einmal geplant und in die Tat umgesetzt, wird sich in wenigen Jahren in eine Oase für Pflanzen und Tiere verwandeln. Diese, Ihre ganz persönliche Oase, wird Sie zudem reichlich mit Obst und Gemüse versorgen. Das hört sich nach fürchterlich viel Arbeit an? Ist es nicht, Sie werden schnell lernen, mit der Natur zusammenzuarbeiten, ihre Kreisläufe entdecken, verstehen und nutzen. Es ist egal, ob Sie ein riesiges Grundstück, einen Kleingarten oder einen Balkon / eine Terrasse haben, die Prinzipien der Permakultur können Sie überall umsetzen. Vorhandene Ressourcen wie ein Teich oder Bachlauf, eine Hecke, die den Wind abhält oder alte knorrige Obstbäume bleiben erhalten. Sie ergänzen das, was Sie sich von Ihrem Garten wünschen: Bäume Ihrer Lieblingsobstsorten, Gemüsebeete, ein

Gewächshaus oder Frühbeet, Gewürz-, Tee- oder Heilkräuter, ein Sitzplatz, Spielgeräte für Ihre Kinder oder Enkel, Insektenhotel und, und, und. Bevor Sie nun begeistert mit der Arbeit beginnen, halten Sie einen Moment inne. Auch wenn es schwerfällt, weil Sie ja soo viel vorhaben und am besten alles auf einmal fertig sein soll. Setzen Sie sich an einem Regentag unter das Terrassendach und hören Sie zu, wie der Regen auf die Blätter tropft. Vor sich haben Sie einen Zettel, auf dem Sie alles notieren, was Ihnen zu Ihrem zukünftigen Permagarten einfällt. Ausgehend von der Frage was habe ich? über was will ich? bis hin zu was brauche ich dazu? notieren Sie sich alles, was Ihnen einfällt. Ohne sorgfältige Planung geht in Ihrem Permagarten nichts. Um zu funktionieren, ist ein Permagarten in verschiedene Sektoren eingeteilt. Jeder Sektor hat sein eigenes Mikroklima, in dem ganz bestimmte Pflanzen wachsen. Das gilt selbst für einen Balkon, auch hier gibt es sonnige und schattige Bereiche, Stellen, an denen sich das Regenwasser sammelt, zugige Ecken und geschützte Plätze. Zusätzlich dazu teilen Sie Ihren Garten in mehrere Zonen ein. Mittelpunkt (Zone 0) ist hier Ihr Haus oder die Gartenlaube. In Zone 1 bauen Sie die Küchenkräuter an. Hier gehört ebenfalls der Werkzeugschuppen hin. Es wäre schon ziemlich umständlich, wegen etwas Petersilie oder eines benötigten Werkzeugs, bis in den hintersten Winkel des Gartens laufen zu müssen. In die nächste Zone gehören die Gemüsebeete und eventuelle Kleintiere wie der Kaninchenstall. Obststräucher und -bäume sowie die Wiese planen Sie in weiter entfernten Zonen. Sie haben es sicherlich schon bemerkt, die Bereiche, die Sie häufig aufsuchen, liegen dicht am Haus. Das spart Zeit und Wege.

Dann kann es endlich losgehen, die Beete und der Boden werden vorbereitet. Das Schönste daran ist, Sie brauchen weder den Boden umzugraben noch zu jäten, selbst das Gießen lässt sich auf ein Minimum reduzieren. Sie sparen eine Menge Zeit, Zeit für die schönen Dinge im Garten. Sie ernähren sich gesund und abwechslungsreich mit den Pflanzen der Saison. Überall um Sie herum ist Leben, Sie müssen nur richtig hinschauen. Wie schön ist es, in der Sommerhitze unter einem schattenspendenden Baum zu sitzen, dem Gesang der Vögel zu lauschen. Sie schauen einem Marienkäferchen zu, wie der kleine Kerl geschickt die Spitze eines Grashalmes erklimmt. Der Duft von Wildblumen und trocknenden Kräutern liegt in der Luft, neben Ihnen steht ein Teller mit frischem Obstkuchen. Gerade in der Küche gebacken oder haben Sie sich einen kleinen Steinbackofen gebaut. Dazu ein Glas selbstgemachten Saft oder eine eisgekühlte Kräuterlimonade. Kirschen und Frühäpfel reifen vor Ihrer Nase, bereit, gepflückt zu werden. Auf den Beeten wachsen Gemüse und Kräuter um die Wette. Sie können sie frisch in der Küche zubereiten oder einfach als Snack roh essen. Stecken Sie Erdbeeren, Tomaten oder Himbeeren gleich frisch vom Strauch in den Mund – der Geschmack ist unvergleichlich. Ihr Permagarten wird eifrig umschwärmt von Bienen, Schmetterlingen und anderen Insekten. Meisen, Schwalben, Hausrotschwänzchen fangen lästige Mücken und andere Schädlinge. Und da, sehen Sie ihn? In der Dämmerung tippelt ein Igel aus dem Reisighaufen, den Sie unter der Hecke für ihn liegengelassen haben.

Das alles schaffen Sie mithilfe einfacher Anbaumethoden wie Mischkultur, Fruchtfolge, Mulchen und Kompostieren, ganz ohne Chemie. Sie nutzen stattdessen die Kreisläufe der Natur. Sie haben sich in Jahrmillionen herausgebildet und funktionieren ganz ohne menschliches Zutun. Deshalb können Sie auf lästiges Umgraben verzichten. Tief unter Ihren Füßen lockern Würmer und andere Bodenlebewesen den Boden für Sie, im Gegenzug versorgen Sie die fleißigen Helferlein mit Pflanzenresten und Kompost. Das Mikroklima im Boden bleibt bei dieser Methode intakt, Ihr Rücken übrigens auch. Die im Boden lebenden Kleinstlebewesen sollten Sie nicht unterschätzen. Sie versorgen die Pflanzen mit Nährstoffen, Bodenpilze überbringen mit biochemischen Stoffen Botschaften von Pflanze zu Pflanze. Ein sehr spannendes Thema, die Forschung steht hier noch ganz am Anfang.

Zu den Kreisläufen in einem Permagarten gehört es, dass nichts weggeworfen wird. Abgestorbene Pflanzen werden kompostiert oder Sie mulchen damit Ihre Beete. Das spart Wasser, das Sie nicht eimerweise heranschleppen müssen. Genießen Sie in der gewonnenen Zeit lieber einen frischen Salat, was Ihren Rücken wesentlich weniger belastet, dafür gut für Ihre Gesundheit ist.

Das Jäten entfällt ebenfalls, da Beikräuter nur schwer durch die Mulchdecke wachsen können. Als Permagärtner lernen Sie, auf die Natur zu achten. Hören, sehen, schmecken, Sie werden ganz neue Erfahrungen machen, wenn Sie sich auf Ihren Garten einlassen. Sie können nichts falsch machen, wenn es sich richtig anfühlt, dann ist es richtig.

Kapitel 1.2. Garten vs. Permagarten. Was ist der Unterschied?

Ein Garten, das bedeutet für die meisten schnurgerade Wege durch exakt rechtwinklige Beete, auf denen Gemüse in Reih und Glied steht. Eventuell lockert eine kleine Hecke das Gemüsebeet auf. Alle Gemüsearten sind voneinander getrennt, jede Art hat ein eigenes Beet. Dort darf nur wachsen, was der Gärtner angepflanzt hat. Jedes Beikraut, jedes Pflänzchen, das sich unerlaubterweise selbst ausgesät hat, wird sofort vernichtet und in die Schranken gewiesen. Der Boden ist nackt jedem Wetter ausgesetzt. Sind die Nährstoffe verbraucht und ausgewaschen, kommen neue direkt aus der Chemiefabrik drauf. Von nichts kommt schließlich nichts. Gemüse und Blumen werden streng getrennt, der Rasen ist maximal 2 cm lang und um Gottes willen: Da hinten blüht ein Gänseblümchen! Panik bricht aus.

Den Kohl haben die Raupen vom Kohlweißling im Griff, die Kartoffeln sind von Kartoffelkäfern belagert. Kein Problem, auch hier hilft die chemische Keule garantiert. Nebenbei muss gewässert werden, weil der Boden keine Feuchtigkeit mehr hält, der Rasen muss ständig gemäht werden. Und an der Gartenlaube haben Schwalben ein Nest gebaut, das muss auch noch weg, weil sonst Häufchen nach unten fallen. Gegen die Mückenplage sollen Anti-Mückenlampen und Fliegenfänger helfen. Die Thujahecke muss beschnitten werden, der vorwitzige Ast vom Johannisbeerstrauch, der in eine unerwünschte Richtung unterwegs ist, muss abgeschnitten werden. Im Frühjahr oder Herbst wird der ganze Garten umgegraben, abgestorbene Pflanzen und Baumschnitt werden als Müll betrachtet und verbrannt.

Das ist Ihnen zu stressig und arbeitsintensiv?

Sehen Sie sich nun einen Permagarten an.
Eine Hecke blühender oder Früchte tragender Bäume und Sträucher, je nach Jahreszeit, umgibt eine Wiese voller Wildblumen und Kräuter. Bienen und Hummeln summen

herum, Schmetterlinge gaukeln durch die Luft. Ab und zu lassen sie sich auf einer Blüte nieder und entfalten beim Nektartrinken ihre Flügel. Brennnesseln überwuchern einen Steinhaufen, Totholz liegt herum. Dazwischen eingestreut sind Beete auf denen Gemüse- und Wildpflanzen einträglich nebeneinander wachsen. Die Wege dazwischen sind meistens mit Gras bewachsen. Nackten Boden werden Sie hier nicht finden, alles ist von Pflanzen oder einer dicken Mulchschicht bedeckt. Ein Permagärtner freut sich über jede Pflanze, die sich selbst vermehrt. Ja, er sucht sich gezielt solche Sorten aus, die sich selbst vermehren, die samenecht sind. Nehmen ihm solche Pflanzen doch einen Haufen Arbeit ab und Geld sparen sie auch noch. Der Samen oder die Jungpflanzen müssen nicht teuer gekauft werden. Er lässt die Pflanze dort stehen, wo sie sich ausgesät hat. Denn genau dort hat das Samenkorn geeignete Bedingungen gefunden, um zu keimen und zu einer stattlichen Pflanze heranzuwachsen. Einige Pflanzen werden Sie vielleicht nicht kennen. Hier wachsen oft alte, bodenständige, inzwischen fast vergessene Gemüsearten. Diese Pflanzen sind robust, vermehren sich oft von ganz allein, bzw. der Permagärtner kann sie leicht aus dem geernteten Saatgut nachziehen. Sie sind fern von jeder exotischen Einkreuzung oder Gentechnik. Wahrscheinlich werden Sie von der Artenvielfalt eines Permagartens überrascht sein. Jedes noch so winzige Kräutlein hat seinen Platz in der Natur, fehlt es, funktioniert das Ganze nicht mehr.

In der Natur regelt sich vieles von ganz allein. Diese Kreisläufe, lässt er sie zu, helfen dem Permagärtner. Hier freut man sich über jedes Vogelnest und bietet zusätzliche Nisthilfen an. Die gefiederten Freunde halten Raupen, Pflanzenläuse usw. kurz, Chemie ist nicht notwendig. Um eine Brut aufzuziehen, verfüttert ein Schwalbenpaar ca. 12.000 Insekten und sie brüten zwei- bis dreimal im Jahr. Dazu sind Schwalbenhäufchen oder Guano ein prima Dünger.

Im Permagarten wird der Boden nur minimal bearbeitet, er wird lediglich aufgelockert. Das hat nichts mit der Faulheit des Gärtners zu tun. Beim Auflockern bleiben im Gegensatz zum Umgraben Bodenstruktur und Bodenmilieu erhalten. Abgestorbene Pflanzen werden auf das Beet gelegt, sie verrotten dort und geben dem Boden das wieder, was sie ihm entnommen haben. Gemüsereste landen auf dem Komposthaufen und dank fleißiger Kompostwürmer wird wertvoller Humus daraus.

Das Reisig, das beim Baumschnitt anfällt, bleibt unter der Hecke liegen, genauso wie das Laub. Das mag unordentlich aussehen, aber hier und in den anderen Totholzstücken finden Marienkäfer, Spinnen, Florfliegen und anderes nützliches Krabbelgetier Unterkunft. Diese Armee von Hilfskräften rückt erfolgreich gegen Blattlaus und Co vor. Auf den Steinen sonnen sich Eidechsen, immer auf der Lauer nach Beute. Abends kommt Meister Igel aus seinem Versteck unter dem Holunderbusch hervor und hilft bei der Schneckenbekämpfung. Der Permagärtner sitzt in all dem Treiben und erholt sich vom Alltag und genießt dabei die Früchte seiner kleinen Welt. Er verweilt bei einer schönen Blüte, kostet die erste rote Tomate und schaut dem Eichhörnchen zu, das durchs Geäst klettert. Ob die Nüsse schon reif sind?

Kapitel 1.3. Welche Zonen gibt es?

In der Permakultur gleicht kein Garten dem anderen. Um eine Struktur in Ihren Garten zu bringen und möglichst energieeffizient zu sein, wird das Grundstück in mehrere Bereiche aufgeteilt. Dabei geht es darum, dass Flächen, die häufiger aufgesucht werden, nahe beim Haus liegen. Bereiche, die seltener besucht werden, sind weiter ausgelagert. Ausgangspunkt ist die Wohnzone. Das Haus mit der Terrasse und dem Stall bilden die Zone 0.

Welche Zonen gibt es?

Zone I: Wohnbereich

In unmittelbarer Nähe des Wohnbereichs, direkt neben der Terrasse, liegt die Zone I. Hier hält sich die Familie in den Sommermonaten gerne auf. Dort sorgen zum Beispiel Kletterrosen für den nötigen Schatten. Es werden herrlich blühende Topfblumen aufgestellt. Die angepflanzten Duftblumen rund um die Terrasse sorgen für ein Wohlfühlambiente. Kräuter und feines Gemüse, das täglich gebraucht wird, befinden sich auch in der Zone I. Die Ställe für Hasen und Meerschweinchen sollten ebenfalls nahe beim Haus stehen. Diese Tiere müssen mehrmals am Tag gefüttert werden. Außerdem brauchen sie Beschäftigung und Unterhaltung. Daher gehören sie zwischen Zone I und II.

Zone II: Kräuter und Gemüse

In der Zone II können Sie ihr Gewächshaus aufbauen oder einen Gemüsegarten mit Blattsalaten, Tomaten, Kohl, Auberginen und Zucchini sowie Wurzelgemüse anlegen. Die Pflanzen der Zone II sollten einmal am Tag aufgesucht werden. Ein geschlossener Zaun dient in diesem Bereich als Rankhilfe für Brombeeren, Himbeeren oder Weintrauben. Zwischen dem Haus und dem Holzlager stehen die Regentonnen. Mit dem gesammelten Regenwasser lassen sich ganze Gartenabschnitte bewässern. Mobile Freilaufställe erlauben die Haltung von Perlhühnern. Auf der Südseite des Hauses befindet sich das Biotop, das auch überrinnendes Wasser aus der Regentonne aufnehmen kann.

Zone III: Gemüsegarten

Hier wird das meiste Gemüse angepflanzt. Dazu gehören Busch- und Stangenbohnen, Puffbohnen, Zwiebeln und Knoblauch. Kartoffeln, Kürbis, Wildkohl und Wildtomaten sind so pflegeleicht, dass sie wenig Pflege brauchen und erst zur Ernte wieder besucht werden. Wenn die Hausbewohner sowohl Frühkartoffeln als auch mittelfrühe Erdäpfel und lagerfähige Spätkartoffeln anpflanzen, kann die Familie das ganze Jahr über Kartoffeln aus eigenem Anbau genießen. Hinter weitläufigen Hecken grasen Schafe und es tummeln sich vielleicht Weideenten und Hühner. Die umzäunte Fläche dieses Bereichs sollte Zugänge zur Zone II und IV haben. Dadurch erhalten die Enten Zutritt in die Zone II, um dort bei Bedarf die Schneckenanzahl zu regulieren.

Zone IV: Landwirtschaftliche Zone

Bei dieser Zone handelt es sich um einen offenen Bereich mit Hauszufahrt. Es ist die passende Stelle, um einen Obstgarten anzulegen und um Bauscheiben mit Beeren, Stauden und Blühstauden zu bepflanzen. Das Insektenhotel kann südseitig ausgerichtet werden. Nussbäume, die hier gepflanzt werden sollten, benötigen kaum Pflege. Außerdem werden die Nüsse nur einmal jährlich geerntet. In der Zone Nr. IV liegen auch Wiesen, Rotwildgehege und Wälder, die den Holzbedarf abdecken. Es ist wichtig, dass die jungen Bäume mit natürlichen Materialien vor Wildverbiss geschützt werden. In der Zone Nr. IV wird auch Weizen und Mais angebaut. Hier weiden Kühe und ihre Jungtiere auf einer Wiese. Ein robuster Unterstellplatz schützt sie vor Wind, Sonne und Regen. Auf einer sehr großen Weidefläche können mit genügend Abstand zum Haus und zu den Nachbarn auch Schweine, Ziegen und Pferde gehalten werden. Diese Zone braucht so gut wie keine Pflege. Hühner helfen bei der Schädlingsbekämpfung im Obstgarten. Alle Haustiere bewegen sich nach den Prinzipien der Permakultur frei. Hühner sind ohnehin sehr pflegeleicht. Der Abstand des Hühnerstalls zum Nachbarn sollte ähnlich groß sein wie etwa der des Bienenstocks.

Zone V: Wiesen, Obst und Nussbäume

Bei der Zone Nr. V handelt es sich um einen wilden, offenen Bereich, der nicht zum eigentlichen Gelände gehört. Er wird aber trotzdem genutzt. Hier sammelt man zum Beispiel Brennstoff oder es wird ein weiteres Insektenhotel untergebracht. Wilde Insekten halten nämlich das Gleichgewicht unter den Insektenpopulationen aufrecht. Zudem bekämpfen sie eine Menge Schädlinge. Die Randzone V trennt das Grundstück meist durch große Bäume optisch von den Nachbarn ab. Idealerweise wäre sie eine Ruhezone für die Natur. Trotzdem wird sie von den Familienmitgliedern ab und zu zum Beeren oder Pilze sammeln genutzt. Hier gedeihen zum Beispiel wilde Beeren wie Brombeeren und Himbeeren. Je nach Region findet man schmackhafte Heidelbeeren oder Preiselbeeren.

Mit dem System der Permakultur lässt sich Schritt für Schritt ein Naturparadies gestalten. Dabei bekommt die Natur ihre Chance, sich selbst zu entwickeln. Aus einem artenarmen Gelände wird eine Fläche (ein Garten), die zum Entdecken und Genießen einlädt. Dabei werden die verschiedenen natürlichen Kreisläufe unterstützt, damit sie sich weiter entwickeln kann. Das Zonenkonzept dient dabei als Hilfsmittel. Vielfach ist der Garten oder das Grundstück nicht so groß, dass es alle Zonen geben kann. Bei einem kleinen Permagarten zum Beispiel werden eventuell nur die Zonen 0 bis III möglich sein. Bei der Zonierung sollte der Pflegeaufwand von Obst und Gemüse eine entscheidende Rolle spielen. Tiere, die Beschäftigung brauchen werden nahe der Zone 0 untergebracht. Hühner und Bienen sollten mit einem gewissen Abstand zu den Nachbarn gehalten werden. Große Tiere wie Ziegen, Schweine, Pferde und Ziegen benötigen einen großen Lebensraum und gehören in die Zone Nr. IV. Aufwendige Pflanzen, die häufig bewässert werden müssen, sollten sich in unmittelbarer Nähe des Wohnbereichs befinden. Soll ein Grundstück in Zonen unterteilt werden, dann ist es empfehlenswert, dass zuerst ein Zonenplan erstellt wird. Erst dann kann eine Pflanzenliste angelegt werden. Danach wird darüber nachgedacht, in welcher Zone sich die Tiere tummeln dürfen. Windgeschützte und sonnige Bereiche des Grundstücks oder Gartens werden mit Beeten bestückt. Beeren wie Brombeeren gedeihen im Halbschatten sehr gut. Auch Mangold und Kohlrabi lieben den Halbschatten. Der Komposthaufen wiederum sollte dagegen im Vollschatten stehen. Bei der permakulturellen Planung zeigt sich immer wieder, dass es keine Standardlösung zur Unterbringung von Hühnern, Enten, Schafen und Rindern gibt. Bei der Gestaltung des Lebensraums wird auf das Verhaltensmuster und auf die speziellen Bedürfnisse der Tiere eingegangen. In der Folge kann sich ein kollaboratives Miteinander entwickeln.

Kapitel 2. Ab in die Umsetzung. Ihr schöner Garten wartet auf Sie

Kapitel 2.1. Ihren ersten Schritte

Bevor Sie jetzt gleich loslegen, gibt es noch einiges zu bedenken. Es sieht häufig nicht so aus, aber ein Permagarten muss sorgfältig geplant werden. Nur mit vorausschauender Planung wird aus einem Stück Land im Laufe der Jahre ein kleines Stück Natur, mit eigenen Kreisläufen, vielfältigem Leben und reichen Erträgen. Eine alte Gärtnerweisheit besagt: „Hast Du einen Garten – lerne warten". Das gilt besonders für einen Permagarten. Überlegen Sie, wie Sie vorhandene Ressourcen am besten nutzen können. Die Pflanzen brauchen Zeit zum Wachsen und Reifen, es dauert eine Weile, bis sich Wildkräuter, Insekten, Vögel und andere Tiere ansiedeln. Lassen Sie sich ein auf das Land, die Natur und gehen Sie schrittweise vor.

Nutzen Sie folgende 13 Schritte für Ihren Garten:

Schritt 1: Beobachten

Schritt 2: Feststellen -> Welche Pflanzen leben schon im Garten?

Schritt 3: Sich selbst ein paar Fragen stellen

Schritt 4: Gelände skizzieren und Sektoren festlegen

Schritt 5: Boden analysieren

Schritt 6: Die Zonen einteilen

Schritt 7: Anbaubedingungen der Pflanzen und Versorgung der Nutztiere recherchieren

Schritt 8: Beete festlegen

Schritt 9: Nützliches Zubehör für die Permakultur planen

Schritt 10: Wege planen

Schritt 11: Wasserversorgung planen

Schritt 12: Einen Anbauplan erstellen

Schritt 13: Saatgut und Jungpflanzen besorgen

Schritt 1: Beobachten

Fangen Sie im ersten Jahr damit an, Ihren Garten zu beobachten. Woher kommt der Wind am häufigsten? Gibt es besonders zugige Ecken? Wo ist es relativ windstill? Wie ist der Lauf der Sonne? Welche Bereiche Ihres Gartens bekommen die meisten Sonnenstrahlen ab? Wo ist Halbschatten, wo ist es den ganzen Tag schattig? Wie ändert sich die Sonneneinstrahlung im Verlauf des Jahres? Wo sammelt sich das Regenwasser? Wo läuft es am schnellsten ab? Wohin läuft es?

Schritt 1 können Sie hervorragend mit Schritt 2 kombinieren.

Günstig ist es, wenn Sie mit Ihren Beobachtungen im Winter beginnen. Schreiben Sie sich ein Jahr lang täglich Ihre Wahrnehmungen auf. Beobachten Sie die Natur zu verschiedenen Tageszeiten. Dann können Sie den nächsten Winter für die genaue Planung Ihres Permagartens nutzen, Samen und Jungpflanzen fürs Frühjahr beschaffen.

Schritt 2: Feststellen, welche Wildpflanzen und Tiere in Ihrem Garten schon leben.

Die Natur verabscheut leere Flächen, irgendetwas wächst immer. Nun gilt es festzustellen, welche von den vorhandenen Pflanzen Sie übernehmen können. Es gibt unglaublich viele Wildpflanzen, die schmackhaft und gesund sind. Andere ergeben leckere Tees oder finden Verwendung in Duftsäckchen, Heilsalben, Cremes, Masken und noch vielem mehr, ganz ohne Chemie und Mikroplastik. Wussten Sie schon, dass es ganz einfach ist, aus Pflanzen wie Kastanien, Efeu oder Seifenkaut Lauge zum Waschen herzustellen?

Notieren Sie sich, wo welche Pflanzen wachsen. Hilfe beim Bestimmen der Pflanzen finden Sie in Bestimmungsbüchern oder bei der ortsansässigen Kräuterfrau. Markieren Sie mehrjährige Pflanzen und Kräuter, die stehenbleiben sollen. Wenn Sie im nächsten Frühling die Beete fertigmachen, sind die Kräuter eventuell noch nicht ausgetrieben, die Blumen blühen noch nicht und sehen ganz anders aus. Bei einjährigen Pflanzen, die sich jedes Jahr neu aussäen, ist es schwieriger. Mit ein bisschen Übung lernen Sie, diese Pflanzen in einem frühen Entwicklungsstadium zu erkennen.

Insekten und Tiere sind in der Permakultur sehr wichtig. Nützliche Tiere, die schon da sind, brauchen Sie nicht mehr anzulocken. Stören Sie die Tierchen nicht, beobachten Sie, wo sie ihre Nester und Verstecke haben und lassen Sie diese Bereiche unberührt.

Lassen Sie den Steinhaufen, unter dem die Eidechsen wohnen, einfach so liegen wie er ist. Vielleicht versehen Sie ihn mit einem netten Schildchen? Da könnte in etwa draufstehen: Hier wohnen Eidechsen.

Welche Pflanzen wachsen bisher in meinem Garten?

Welche Kräuter wachsen bisher in meinem Garten?

Für welche Tiere ist mein Garten schon ein Zuhause?

Notizen

Schritt 3: Sich selbst ein paar Fragen stellen

Am besten funktioniert Ihr Permakulturgarten, wenn Sie mit ihm eine Einheit bilden. Was erwarten Sie von Ihrem Garten? Eine gemütliche Sitzecke, Gemüsebeete, Beerenobststräucher, Obstbäume, eine Kräuterspirale, ein Gewächshaus, Blumen? Möchten Sie Tiere, Hühner, Kaninchen, Schafe halten?

Welches Gemüse, welche Kräuter möchten Sie anbauen? Was essen Sie und Ihre Familie am liebsten?

Wie viel Platz brauchen bzw. haben Sie?

Möchten Sie Obstbäume oder Beerensträucher pflanzen und wenn ja, welche?

Kommt eine Wildobsthecke infrage?

Wie viel Zeit möchten bzw. können Sie in Ihren Garten investieren? Liegt Ihr Garten rund um Ihr Haus oder haben Sie einen Schrebergarten, zu dem Sie nur am Wochenende fahren? Haben Sie nur wenig Zeit, sollten Sie sich auf Pflanzen beschränken, die pflegeleicht sind, wie Zucchini, Salat, Radieschen, grüne Bohnen, Kürbis.

Wie viel Gemüse, wie viele Kräuter brauchen Sie? Wie viele Personen wollen davon essen? Trinken Sie viel Kräutertee? Lieben Sie Obst und Gemüse als Snack für zwischendurch? Würzen Sie viel mit Kräutern? Möchten Sie das ganze Jahr frisches Gemüse ernten oder ausschließlich im Sommer und Herbst?

Wollen Sie Ihr Gemüse nur frisch verbrauchen oder Vorräte für den Winter anlegen? Falls Sie Vorräte anlegen möchten, überlegen Sie, wie Sie das Geerntete lagern wollen. In einem Keller, einer Erdmiete, Einwecken, Trocknen, Einfrieren, Fermentieren? Bedenken Sie den Zeit- und Platzaufwand dafür. Streben Sie die Selbstversorgung an? Welche Pflanzen müssen Sie für Ihre Tiere (falls vorhanden) anbauen?

Schreiben Sie sich alle Antworten auf. Sie sind wichtig, wenn es darum geht, die Pflanzen auszuwählen, die Sie anbauen werden.

Was er warte ich von meinem Garten?

Wie stelle ich mir meinen Garten vor?

Wie viel Zeit kann ich für meinen Garten aufwenden?

Strebe ich eine komplette Selbstversorgung an?

Wie viele Personen möchte ich versorgen?

Notizen

Schritt 4: Gelände skizzieren und Sektoren festlegen

Als Nächstes zeichnen Sie einen Plan Ihres Grundstückes. Zeichnen Sie alle vorhandenen Gebäude, Hecken, Bäume usw. ein, markieren Sie die Himmelsrichtungen. Vergessen Sie nicht, den Unterschlupf des Igels, den Steinhaufen der Eidechsen und das Nest der Erdwespen einzuzeichnen. Markieren Sie ebenfalls die Standorte der Wildpflanzen / Kräuter, die Sie übernehmen möchten. Mithilfe dieser Skizze legen Sie die Sektoren fest, die für das Mikroklima in Ihrem Permagarten zuständig sind.

Bewährt hat sich hier als Begrenzung im Osten und Nordosten eine hohe, dichte, schnellwachsende Wildobsthecke. Holunder, Haselnuss, wilde Rosen, Schneeball, Schlehen oder Kornelkirsche wachsen schnell und ihre Früchte schmecken nicht nur Vögeln und Kleinsäugern. Kleiner Tipp: Probieren Sie mal Konfitüre aus den Früchten der Kornelkirsche. Dekorative Akzente setzen Sie mit Flieder, Forsythie oder Hartriegel. Vermeiden Sie Thuja und Co, sogar die Vögel machen einen Bogen um diese langweiligen Gewächse. Die Hecke hält den kalten Wind ab, der meistens aus dieser Richtung weht. Sollte es in Ihrem Garten anders sein, pflanzen Sie die Hecke dort, wo es am meisten zieht. Schon bald werden sich die ersten Untermieter, Vögel, Igel, Käfer einstellen.

Hohe Bäume gehören an die Nordseite. Ob hochstämmige Obstbäume, ein großer Nussbaum oder Laub- bzw. einheimische Nadelbäume, bleibt Ihnen überlassen. Lassen Sie an den Nadelbäumen die unteren Äste dran, haben Sie ein prima Dickicht und Sicht- bzw. Wetterschutz. Dazwischen können kleine Sträucher wachsen, Kürbisse oder Bohnen hochranken, Tiere weiden, ein Bienenstock seinen Platz finden. Denken Sie daran, dass Sie Ihre Obstbäume nicht ganz zupflanzen, Sie müssen sie zur Erntezeit erreichen können. An die Westseite pflanzen Sie Beerensträucher.

Nach Süden kann offen bleiben. Als natürlichen, sommerlichen Sichtschutz eignen sich bei Bedarf hochwachsende Dahlien, Stockrosen, Sonnenblumen, Mais oder Topinambur. Wollen Sie im Inneren einzelne Bereiche schattieren, planen Sie dort einen oder mehrere Bäume ein. Das wäre für einen Sitzplatz, ein Tiergehege, die Kinderspielecke, einen Teich oder ein Gewächshaus zu überlegen. Ein Baum, der einem Gewächshaus im Sommer Schatten spendet, lässt im Frühling und im Herbst die dann benötigte Sonne durch.

Schritt 5: Bodenanalyse

Damit Sie Ihre Pflanzen optimal versorgen können, müssen Sie wissen, wie Ihr Boden beschaffen ist. Nur so können Sie lenkend eingreifen, um die Wachstumsbedingungen zu verbessern.

Einige Pflanzen wachsen besonders gern auf bestimmten Böden. Man nennt sie Zeigerpflanzen. Haben Sie zum Beispiel in einer Ecke viel Heidekraut stehen, ist dort sicherlich leichter Sandboden. Nutzen Sie Ihre Notizen, um mehr über die Bodenbeschaffenheit in Ihrem Garten zu erfahren. Im Kapitel 2.2. Boden analysieren finden Sie weitere Tipps.

Schritt 6: Die Zonen einteilen

Überlegen Sie zuerst, welche Zonen Sie brauchen bzw. für welche Zonen Sie Platz haben. Nehmen Sie dazu Ihre Zeichnung und Ihre Notizen zu Hilfe.

Ihre Zonen müssen nicht rund sein, passen Sie sie an Ihre Gegebenheiten an. Es ist schließlich Ihr Garten. Planen Sie die Größe der einzelnen Zonen nach Ihrem Bedarf und Ihren Vorlieben. Berücksichtigen Sie dabei die Bodenbeschaffenheit und das Kleinklima.

Schritt 7: Anbaubedingungen der Pflanzen und Versorgung der Nutztiere recherchieren

Sie wissen nun, welche Pflanzen Sie anbauen und ob sie Nutztiere halten möchten. Jede Pflanze und jedes Tier stellt bestimmte Ansprüche an seine Umwelt. Zum Beispiel brauchen Tomaten und Paprika viel Wärme und Sonne, damit die Früchte reif werden. Lavendel gedeiht auf trockenem Sandboden und Schilf mag es feucht.

Weiterhin ist es wichtig, dass Sie für Ihre Tiere genug Futter produzieren. Was und wie viel frisst ein Huhn, wie viel Heu braucht ein Kaninchen oder Schaf im Winter?

Machen Sie sich eine Liste und notieren Sie alle Eckpunkte. Mit diesem Basiswissen ausgerüstet geht es nun zu Schritt 8.

Schritt 8: Beete festlegen

Sie haben schon die Zone festgelegt, in der Sie die Beete anlegen möchten. Wie viele Beete Sie brauchen, hängt von Ihrem Bedarf und vom vorhandenen Platz ab.

Gestalten Sie Ihre Beete nicht zu breit. Sie müssen von beiden Seiten aus mit ausgestrecktem Arm bequem die Beetmitte erreichen können. Sonst müssen Sie zum Pflegen oder Ernten ständig auf das Beet treten. Dabei zertreten Sie nicht nur Pflanzen, sondern verdichten obendrein den Boden. Denken Sie an Blumenbeete. Bienen und Hummeln brauchen auch nach der Obstblüte Futter. Haben Sie nur einen Balkon oder kleinen Garten zur Verfügung, überlegen Sie sich, wie Sie die Anbaufläche vergrößern können. Hier bieten sich verschiedene Möglichkeiten an. Verschwenden Sie in einem kleinen Garten keinen Platz für Kürbis- oder Melonenbeete. Lassen Sie die Pflanzen an vorhandenen Bäumen oder Zäunen hochranken oder bauen Sie ihnen aus ein paar Stangen oder Ästen vom

Baumschnitt Kletterhilfen. Eventuell spannen Sie Maschendraht zwischen die Stangen. Wenn Sie die Kletterhilfen nicht senkrecht, sondern im Winkel von ca. 60 Grad aufstellen, können Sie darunter noch Pflanzen setzen, die auch im Schatten gedeihen (Salat). Auf dem Klettergerüst tummeln sich ebenso gern Gurken, Stangenbohnen oder Erbsen.

Selbst Obstbäume lassen sich platzsparend am Spalier ziehen (Spalierobst). Das ist sehr zeitaufwendig, funktioniert aber. Setzen Sie statt Buschbohnen rankende Stangenbohnen. Es genügt, wenn Sie 3 bis 4 Äste als Zelt aufstellen und oben zusammenbinden. Die unteren Enden graben Sie ein. Stecken Sie die Bohnen im Kreis um die Stangen. Eventuell brauchen die kleinen Pflänzchen nach dem Auflaufen etwas Starthilfe, damit sie den Weg nach oben finden. Ihren Kindern oder Enkeln wird das grüne Zelt ebenfalls gefallen.

Nutzen Sie vertikale Gärten, füllen Sie Blumenkästen oder alte Dachrinnen usw. mit Erde und setzen Sie Pflanzen hinein. Bauen Sie Kartoffeln in Kartoffeltürmen an und herunterrankende Erdbeersorten oder Erbsen in Ampelgefäßen.

Wildtomaten müssen nicht zwingend nach oben wachsen. Stellen Sie das Pflanzgefäß auf einen Stein- oder Totholzhaufen. Die Tomate lässt ihre Triebe nach unten wachsen und im Erdgeschoss finden Insekten, Kleinsäuger, Eidechsen und Igel Unterkunft. Als Pflanzgefäß nehmen Sie, was Sie haben. Gönnen Sie Ihrem alten, löchrigen oder henkellosen Eimer und der kaputten Gießkanne ein zweites Leben.

Rankende Pflanzen können Sie ebenso platzsparend an den Rand Ihres Hochbeetes pflanzen. Zeigen Sie den jungen Pflanzen den Weg nach unten, indem Sie oben an der Pflanze eine Schnur befestigen. Führen Sie die Schnur im Bogen nach unten. Vorsicht, brechen Sie die Pflanze nicht ab. Die Schnur fixieren Sie am Boden mit einem Stein, einem Zelthering oder einer Drahtöse.

Vergessen Sie bei der Beetplanung Ihre Kinder nicht. Richten Sie ihnen ein kleines Beet ein, in dem sie einfache, schnellwachsende Pflanzen selber aussäen, pflanzen, betreuen und ernten können. Geeignet sind Sonnenblumen, Studentenblumen, Ringelblumen, Salat, Radieschen, Kohlrabi und eventuell 1 bis 2 Erdbeerpflanzen. Zu Anfang und bei kleinen Kindern unter Ihrer Aufsicht.

Schritt 9: Nützliches Zubehör für die Permakultur planen

In diesem Schritt legen Sie fest, wo sie all die Dinge platzieren, die Sie in Ihrem Permagarten brauchen. Für den Komposthaufen sollten Sie eine Stelle im Schatten wählen. Die Kräuterspirale braucht viel Sonne. Übrigens, es muss keine Spirale sein. Haben Sie eine geeignete Stelle in einer Mauerecke oder Nische, bauen Sie eben ein Kräuterdreieck. Für einen Weinstock planen Sie das Spalier an einer sonnigen, geschützten Stelle. Auf Ihrem Balkon verrichtet eine Wurmfarm die gleiche Arbeit, wie ein Komposthaufen im Garten. Dort verwandeln die Würmer Vertrocknetes, Blätter und anderen organischen Abfall in wertvollen Kompost. Gefäße für Pflanzenjauchen stehen am besten im Schatten, nicht zu weit von den Gemüsebeeten entfernt.
Legen Sie fest, wo Hochbeete, Hügelbeete, eventuell ein Frühbeet oder Gewächshaus ihren Platz finden. Das Frühbeet können Sie eventuell portabel bauen. Dazu setzen Sie alte Fenster dachförmig zusammen. Die Seiten dichten Sie ab. Jetzt haben Sie eine Art Tunnel, den Sie dorthin setzen, wo Sie ihn gerade brauchen. Falls Sie keine alten Fenster auftreiben können, bauen Sie ein Gestell aus Latten und setzen Glasscheiben oder Folie ein.

Den Teich sollten Sie an der tiefsten bzw. feuchtesten Stelle des Grundstückes anlegen. Auf dem Balkon bauen Sie aus einer großen Schale oder Schüssel einen Miniteich. Er verbessert das Kleinklima enorm und zieht Kleinstlebewesen an. Für die gefiederten Freunde stellen Sie das Futterhaus in der Nähe Ihres Hauses auf. Dann ist im Winter der Weg nicht so weit und Sie können die Vögel vom Fenster aus beobachten. Im Sommer freuen sich die kleinen Gesellen über ein Vogelbad oder eine Vogeltränke. Ein Insektenhotel und eine Hummelburg dürfen in keinem Permagarten fehlen. Ist auf Ihrem Grundstück schon ein Schuppen oder eine Werkstatt vorhanden? Wenn nicht, sollten Sie so etwas einplanen. Sie brauchen einen Platz, um die Gartengeräte aufzubewahren. Da es in einem Permagarten immer etwas zu werkeln gibt, leistet eine kleine Werkstatt gute Dienste.

Für Ihre Kinder oder Enkel ist ein Bereich günstig, den Sie von dort aus, wo Sie sich die meiste Zeit aufhalten, im Blick haben. Ideal ist dabei ein großer Baum als Schattenspender. Für eventuelle Nutztiere brauchen Sie einen Stall in schattiger, windgeschützter Lage und einen Auslauf.

Schritt 10: Wege planen

Planen Sie Ihre Wege so, dass Sie kurze Strecken haben. Gebiete, die Sie nacheinander anlaufen, verbinden Sie durch kurze, gerade Wege.

Schritt 11: Wasserversorgung planen

Ausreichende Wasserversorgung ist wichtig, nicht nur im Hochsommer. Ihren Permagarten ausreichend zu wässern, kann sehr aufwendig sein, muss es aber nicht.

Stellen Sie Regenwasserbehälter möglichst an erhöhten Stellen auf. Dann hilft Ihnen die Schwerkraft, das Wasser dorthin zu transportieren, wo Sie es brauchen. Hat Ihr Garten ein natürliches Gefälle, können Sie das ebenfalls nutzen. Beachten Sie dabei, dass genug Wasser an den höhergelegenen Stellen bleibt und nicht alles wegfließt. Wenn das Gelände es zulässt, integrieren Sie Bachläufe in Ihre Gartenplanung.

Pflanzen Sie feuchtigkeitsliebende Pflanzen in kleine Mulden. In den Mulden sammelt sich Regenwasser. Aufgebrachtes Mulchmaterial verhindert, dass das Wasser gleich wieder verdunstet.

Um Ihre Gemüsebeete feucht zu halten hat es sich bewährt, Mulchgräben zwischen und um die Beete zu graben. Die Gräben füllen Sie mit Laub, Stroh oder anderem Mulchmaterial. Das hält das Wasser fest und gibt es langsam an den Boden und Ihre Pflanzen ab. Generell sollten Sie alle Beete und die Baumscheiben mulchen. Das hält nicht nur Nebenkräuter davon ab, sich einzuschleichen, es hält auch das Wasser im Boden.

Schritt 12: Einen Anbauplan erstellen

Hier legen Sie fest, was zu welcher Zeit auf welchem Beet wachsen soll. Wenn der erste Salat abgeerntet ist, können Sie auf dem gleichen Beet noch Kohlrabi für die Herbsternte pflanzen. Überlegen Sie sich, wann die einzelnen Beete abgeerntet sind. Ist dann noch Zeit, ein zweites oder drittes Mal Erbsen oder Bohnen zu säen oder etwas nachzupflanzen? Achten Sie dabei auf die Fruchtfolge. Sind die Beete abgeerntet, säen Sie Gründünger, wie Phacelia, Klee, Luzerne ein.

Schritt 13: Saatgut und Jungpflanzen besorgen

Nun sind Sie so weit, dass Sie sich Saatgut kaufen können. Es gibt unendlich viele verschiedene Sorten.

Nehmen Sie sich Ihre Liste und wählen Sie von den Pflanzen, die Sie anbauen möchten, alte robuste Sorten. Möchten Sie selbst Samen ernten und im nächsten Jahr aussäen, wählen Sie nur sortenechte oder sortenreine Pflanzen. Lassen Sie die Finger von den

Tüten, auf denen F1 Hybride steht. Diese Pflanzen sind durchaus gut und ertragreich, nur können Sie sie nicht selbst vermehren. Aus Samen solcher Pflanzen entwickeln sich wenig ertragreiche oder schwache Keimlinge.

Schauen Sie auch, ob die betreffende Sorte fürs Freiland geeignet ist oder lieber ins Gewächshaus will. Kaufen Sie sich Ihre Sämereien und Pflanzen von einem traditionellen Gärtner oder jemandem, der schon einen Permagarten hat. Hobbygärtner geben gern überschüssige Samen, Blumenzwiebeln oder Pflanzen ab. Im nächsten Jahr geben Sie ihm Ableger von Ihren Pflanzen. Haben Sie Pflanzen oder Samen abzugeben sind Pflanzentauschbörsen eine gute Gelegenheit, den eigenen Bestand kostengünstig zu erweitern. Kaufen Sie nur Jungpflanzen, die kräftig sind, dunkelgrünes Laub und einen gedrungenen Wuchs haben. Vermeiden Sie mickerige, hellgrüne Pflanzen mit langgezogenen (vergeilten) Trieben. Sie werden nicht viel Freude an ihnen haben. Samen und Pflanzen gibt es auch im Internet. Hier finden Sie viele kleine Gärtnereien, die alte traditionelle Sorten anbieten, die Sie im Handel nicht mehr bekommen. Das Saatgut und die Pflanzen von dort sind zuverlässig. Meistens liegt eine Anzuchtanweisung bei. Wenn Sie die befolgen, werden Sie Erfolg haben.

Wenig erfolgversprechend sind Pflanzen und Samen aus warmen Ländern (Ungarn, Italien). Sie kommen oft mit unserem Klima nicht zurecht, selbst wenn es sich um eigentlich robuste Kürbisse handelt. Sie werden schnell merken, dass die Planung für Ihren Garten nie aufhört. Da hat ein Freund eine neue Pflanze angebaut, die Sie interessant finden, Sie wollen ein Weidenzelt ausprobieren, eigentlich könnte in die Ecke dort hinten ein weiteres Frühbeet und aus den Brettern im Schuppen wollten Sie schon lange etwas bauen …
Diese Planungsphase gilt nicht nur für Gärten, die mehrere Hektar groß sind. Auch bei einem Kleingarten und selbst bei einem noch so kleinen Balkon sollten Sie keinen Schritt auslassen. Es lohnt sich. Verwandeln Sie die wenigen Quadratmeter Balkon, die Ihnen zur Verfügung stehen, in eine Oase der Natur mitten in einer Welt aus Beton. Von der Decke können Erdbeeren, Erbsen oder Wildtomaten ranken. Sichtschutz zur Seite bilden Rankgerüste, die Sie entweder mit Pflanzgefäßen bestücken oder an denen sich Gurken,

Bohnen oder Kürbisse in luftige Höhen aufmachen. Selbst der Kartoffelturm verleitet so manche Pflanze dazu, den Weg an der Außenseite nach oben zu wagen. Kräutertöpfe teilen sich die Sonnenecke mit einer Tomaten- oder Paprikapflanze. Mögen Sie es gern scharf? Dann darf es auch eine Chilipflanze sein. Im Schatten fühlen sich die Kompostwürmer in ihrer Kiste wohl. Daneben lädt ein kleiner Teich Libellen zum Verweilen ein. Kleiner Tipp: Vielleicht treiben Sie auf einem Flohmarkt oder bei Haushaltsauflösungen einen alten Waschständer auf. In der Schüssel legen Sie entweder einen Teich an oder Sie bepflanzen sie. In der Mitte etwas Hochstehendes, an den Seiten kann es gern herunterwachsen. Ergänzen Sie Ihre kleine Welt mit Blumen, einer Vogel- und Insektentränke, dann wird schon bald reges Treiben auf Ihrem Balkon herrschen. Mitten drin erholen Sie sich in Ihrem Liegestuhl vom täglichen Stress. Blätter spenden großzügig Schatten. Kleine Snacks wachsen nur eine Armlänge entfernt. Bienen summen leise, auf Ihrem Finger krabbelt ein Marienkäfer, Schmetterlinge gaukeln durch die Luft, dort zwischen den Halmen ist eine kleine Spinne eifrig damit beschäftigt, ihr Netz fertig zu spinnen. Zwei Spatzen streiten sich um ein Samenkorn, eine Kohlmeise ruft ihr zi-zi-bäh und wartet, dass Sie ihr fürs nächste Frühjahr einen Nistkasten bauen. Umrahmt wird das Unterhaltungsprogramm von sich leise im Wind bewegenden Blättern.

Ein Balkon auf der Nordseite des Hauses liegt im Schatten, Tomaten oder Paprika werden dort nicht wachsen. Bei einem Südbalkon dagegen ist die Sonneneinstrahlung so intensiv, dass Sie für Schatten sorgen müssen. Eine Markise ist hier hilfreich und vergessen Sie nicht, ausreichend zu wässern. Eventuell steht ein großer Baum vor Ihrem Haus und spendet Ihrem Balkon zeitweise Schatten.

Wachsen Sie mit Ihrem Permagarten. Sie müssen nicht alles im ersten Jahr schaffen. Ein Garten ist ein dynamischer, lebender Organismus. Die Planung ist nicht endgültig. Übernehmen Sie ins nächste Jahr, was sich bewährt hat und ändern Sie die Dinge, die nicht funktioniert haben oder Ihnen nicht gefallen. Seien Sie kreativ, beobachten Sie, fühlen Sie, dann werden Sie wissen, was zu tun ist. Es ist Ihr Garten, lassen Sie ihn so einzigartig werden wie Sie es sind.

Kapitel 2.2. Ihr erster eigener Entwurf

Obwohl die Gesetze der Permakultur universell gelten, ist jeder Permagarten einzigartig. Jedes Grundstück, jeder Garten hat seine eigenen Ressourcen und Umweltbedingungen. Lassen Sie uns gemeinsam einen Beispielgarten planen. Nehmen wir einmal an, Sie haben sich ein Haus mit einem Grundstück gekauft. Das schauen wir uns als Erstes genau an. Das Haus liegt etwas abseits von der Straße. Die Straßenseite zeigt nach Süden. Sie haben zur Straße hin ein paar Quadratmeter Land, das den ganzen Tag von der Sonne beschienen wird. Vielleicht steht am linken Grundstücksrand eine alte, große Linde, die teilweise Schatten wirft.

Das Grundstück ist rechtwinklig, die schmalen Seiten weisen nach Süden und Norden, die breiten Seiten entsprechend nach Osten und Westen. Das Haus zeigt mit den schmaleren Giebelseiten nach Osten und Westen. Rechtwinklig zum Haus steht auf der Westseite ein Nebengebäude. Es wurde teilweise als Holzschuppen, Werkstatt und Stall genutzt.

Auf der Ostseite des Grundstückes ist die Einfahrt mit einer Garage. Hinter dem Nebengebäude bis zur Grundstücksgrenze im Norden ist eine Wiese voller Wildpflanzen, ganz hinten am Zaum stehen ein paar alte Obstbäume. An der Ostseite haben sich Holunder und Wildrosen angesiedelt. Durch das kaputte Stallfenster fliegen Schwalben emsig ein und aus, sie haben Nachwuchs zu versorgen. Hinter dem Stall liegt ein Haufen alter, vergessener Dachschindeln. Obendrauf sonnt sich eine Eidechse. Das ist Ihre Grundlage, aus der wir jetzt einen Permagarten zaubern.

An der Ostseite des Grundstücks stehen schon die Anfänge einer Wildobsthecke. Die können Sie nutzen und mit weiterem Wildobst oder blühenden Sträuchern ergänzen. Schon hat Ihr Garten Schutz vor kalten Ostwinden. Richtung Norden, hinter die Obstbäume, pflanzen Sie an die Grundstücksgrenze Tannen, dann ist auch dieser Bereich geschützt. Für die Westseite bieten sich Beerensträucher an.

Vor dem Haus, nahe der Küche, ist der beste Platz für eine Kräuterspirale und andere sonnenhungrige Pflanzen. Hierher würde ein Pfirsich- oder Aprikosenbaum passen. Er bekommt den ganzen Tag Sonne und ist durch die Hauswand vor kalten Winden geschützt. Der Platz zwischen Nebengebäude, Wohnhaus und Garage bleibt als Hof mit Sitzplatz, Kinderspielecke und Blumenrabatten. Bei alten Gehöften ist der Hof oft mit Kopfsteinen gepflastert. Hier ist der richtige Platz für Pflanzen in Kübeln oder in einem Hochbeet. Mögen Sie Kirschen? Wie wäre es mit einem Kirschbaum als Hausbaum? Hinter dem Nebengebäude, Richtung Grundstücksgrenze im Norden, ist Platz für einen Hühnerauslauf. In den Auslauf pflanzen Sie Sträucher und Bäume als Schattenspender für die Tiere. Die Dachschindeln bleiben für die Eidechsen liegen. An allen Gebäuden sind Regenrinnen, die das Regenwasser direkt in darunter stehende Tonnen leiten.

Die Gemüsebeete legen Sie zwischen Hühnerauslauf und Ostgrenze an. Planen Sie so viele Beete wie Sie brauchen. Vielleicht lockern einige Beerensträucher den Gemüseteil auf. Ein Gewächshaus oder ein Teich wären ebenfalls denkbar. Im Hühnerauslauf legen Sie den Komposthaufen an. Ihre Hühner werden ihn lieben. Als Befestigung dienen ein Drahtgitter oder Bretter, sonst verteilen die Hühner den Kompost in ihrem ganzen Auslauf.

Genau auf die sandige, kahle Stelle dort hinten am Zaun, setzen Sie ein Hoch- oder Hügelbeet. In dem Sandboden wächst offenbar nichts, in ein Hochbeet füllen Sie gute Gartenerde. So begrünen Sie selbst diese unwirtliche Stelle. Auf der Wiese, unter der Hecke und in vielen Nischen werden Sie Wildkräuter finden bzw. können Sie dort gezielt welche anbauen. Weiter hinten ist Platz für neue Obstbäume. Sind die alten Bäume stabil genug, können Sie eine Sitzschaukel für eine Oase der Ruhe an einem Ast befestigen. Während Sie sich dort erholen, spielen die Kinder in einem kleinen Baumhaus. Schon das gemeinsame Bauen des Häuschens hat Spaß gemacht.

Wenn Sie sich alles maßstabsgetreu aufzeichnen und ausschneiden, können Sie in Ihrem zukünftigen Permagarten alle Elemente auf dem Papier so oft hin und her schieben, bis es für Sie passt.

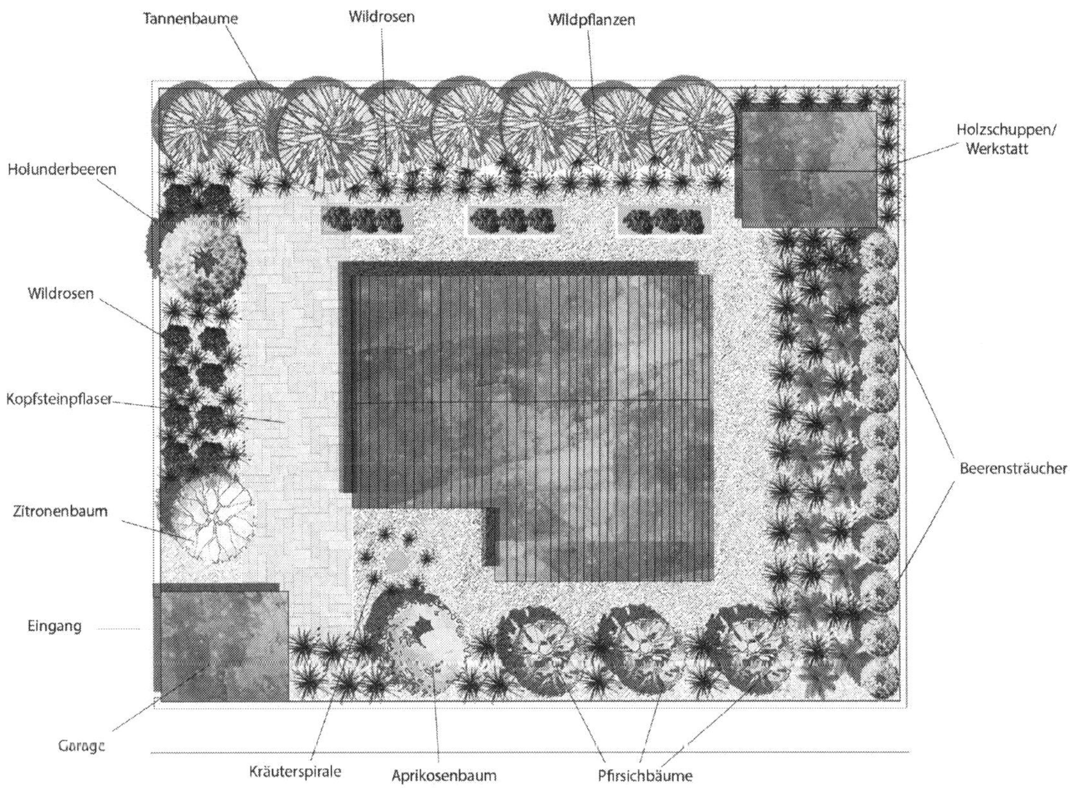

Nun sind Sie an der Reihe. Zeichnen Sie Ihren ersten Entwurf. Dabei ist es nicht wichtig, dass er perfekt ist. Lassen Sie sich einfach treiben und visualisieren Sie sich Ihren Garten so, wie Sie sich ihn vorstellen

Kapitel 3. Das Leben steckt im Boden

Kapitel 3.1. So beurteilen Sie den Boden

Ob und wie Ihre Pflanzen wachsen und Ihre Arbeit Früchte trägt, hängt zu einem großen Teil vom Boden ab. Wissen Sie, wie er beschaffen ist, wissen Sie, wie Sie ihn beeinflussen können. Sie können mit geeigneten Maßnahmen die Bodenstruktur und damit das Wasserhaltevermögen verbessern, gezielt Stalldung, Gründünger, Kompost usw. einsetzen. Erfahren Sie, woran Sie die einzelnen Bodenarten erkennen und verbessern können.

1. Sandiger Boden (leichter Boden): Sandboden können Sie nicht formen. Die einzelnen Sandkörner rieseln Ihnen durch die Finger, sie bleiben nicht haften. Sandboden ist wasserdurchlässig, er lässt Wasser und die darin enthaltenen Nährstoffe schnell ablaufen. Er trocknet schnell aus, erwärmt sich schnell und kühlt genauso schnell wieder ab. Sandboden können Sie leicht bearbeiten, er ist gut durchlüftet.

Sie verbessern Sandboden, indem Sie Humus beigeben und viel mulchen. Damit halten Sie das Wasser und die Nährstoffe im Boden.

Zeigerpflanzen für Sandboden sind: Pechnelke, Gänsefingerkraut, Heidekraut, Vogelmiere, Hungerblümchen, Feldbeifuß, Königskerze, Vogelknöterich.

2. Lehmboden (mittelschwerer Boden): Lehmboden kann Nährstoffe, Wasser und Luft optimal speichern. Er besteht aus einer Mischung aus Ton, Sand und Schluff. Um Lehmboden zu erkennen, formen Sie eine dicke Walze aus dem feuchten Boden. Lassen Sie die Walze dünner werden (etwa fingerdick) zerbricht sie.

2 a. Sandiger Lehmboden ist etwas leichter und erwärmt sich schneller.

2 b. Toniger Lehmboden ist schwerer, erwärmt sich schlechter und verschlammt bei Regen schnell. Er ist nicht so gut durchlüftet. Tonigen Lehmboden verbessern Sie durch Zugabe von Humus und Sand, Mulchen ist günstig.
Zeigerpflanzen: Stiefmütterchen, Knöterich, Kornblume, Kamille, Hirtentäschel, Klatschmohn, Rittersporn, Feldhahnenfuß.

3. Tonboden (schwerer Boden): Tonboden lässt sich formen wie Modelliermasse. Trocknet er aus, wird er steinhart und bildet Krusten. Er setzt sich aus Tonmineralien zusammen. Tonboden erwärmt sich schwer und lässt Wasser und Luft kaum durch. Sein Nährstoffgehalt ist hoch, jedoch müssen Verbesserungsmaßnahmen ergriffen werden, um sie zu nutzen. Mischen Sie auf jeden Fall Humus und Sand unter.

Zeigerpflanzen: Ackerschachtelhalm, Ackerminze, Breitwegerich, Kriechender Hahnenfuß.

Diese Bodenarten kommen selten in reiner Form vor, es gibt viele Zwischenstufen.
Es gibt eine einfache Methode, wie Sie die Zusammensetzung Ihres Bodens feststellen können. Es handelt sich um die Schlämmprobe. Nehmen Sie eine Handvoll Erde und füllen Sie sie in ein Glas. Füllen Sie Wasser auf, bis alles gut bedeckt ist. Jetzt gut schütteln, dann lassen Sie das Glas einen halben Tag stehen. Die verschiedenen Bodenbestandteile setzen sich unterschiedlich schnell ab. Ganz unten liegt der Lehm, darüber Sand und Schluff. Oben finden Sie den Humus und ganz oben nichtzersetztes, organisches Material. An der Höhe der einzelnen Schichten können Sie den Anteil der jeweiligen Bestandteile ablesen.

Unabhängig von der Bodenart kann der Boden sauer, alkalisch, kalkhaltig, kalkarm, stickstoffreich oder -arm sein. Es gibt nassen Boden und verdichteten Boden.

Der pH-Wert misst den Säuregehalt des Bodens. Ist der pH-Wert hoch, ist der Boden sauer, ist er niedrig, alkalisch.

Den pH-Wert Ihres Bodens können Sie leicht selbst bestimmen. Nehmen Sie 100 g Erde und füllen Sie sie in ein Glas. Geben Sie 100 ml destilliertes Wasser dazu und schütteln Sie kräftig. Nehmen Sie unbedingt destilliertes Wasser. Leitungs- oder Regenwasser können durch ihre Inhaltsstoffe das Ergebnis verfälschen. Warten Sie nach dem Schütteln 10 min und testen Sie die Flüssigkeit mit einem Streifen Lackmuspapier oder einem anderen Indikator. Das Lackmuspapier wird seine Farbe verändern. In der Packung mit den Lackmusstreifen liegt eine Karte mit verschiedenen Farbfeldern bei. Jedem Farbfeld ist ein pH-Wert zugeordnet. Vergleichen Sie die Farbe Ihres Teststreifens mit den Farben auf der Karte. Die Farbe, die am besten passt, entspricht dem pH-Wert Ihres Bodens.

Sie können den pH-Wert des Bodens ändern, indem Sie entweder Holzasche oder Humus zugeben. Holzasche ist alkalisch, macht also auch den Boden alkalisch, Humus ist sauer und macht den Boden sauer. Sehen Sie in Ihren Notizen nach, welche Pflanzen welchen pH-Wert bevorzugen und passen Sie den Boden entsprechend an. Zum Beispiel lieben Erdbeeren sauren Boden.

Zeigerpflanzen für sauren Boden: Hundskamille, kleiner Sauerampfer, Ackerminze, Blaubeere.

Zeigerpflanzen für alkalischen Boden: Ackersenf, Ackerstiefmütterchen, Wegwarte, Wiesensalbei, Fingerkraut, Wiesenstorchschnabel.

Zeigerpflanzen für kalkarmen Boden: gelbe Wucherblume, Hundskamille, Stiefmütterchen, kleiner Sauerampfer, Sauerklee, Bauernsenf, Adlerfarn.

Zeigerpflanzen für kalkreichen Boden: Ackerglockenblume, Ackerwinde,

Ackersenf, Brennnessel, Huflattich, Klatschmohn, Klee, Löwenzahn, Leinkraut, Leberblümchen, Ringelblume, Taubnessel.

Zeigerpflanzen für stickstoffreichen Boden: Ackersenf, Bärenklau, Franzosenkraut, Ehrenpreis, Brennnessel, Gänsedistel, Giersch, Holunder, Vogelmiere, Kohldistel, Wolfsmilch, Löwenzahn, Klettenlabkraut, Hirtentäschel.

Zeigerpflanzen für stickstoffarmen Boden: Ackerfuchsschwanz, Besenginster, Hungerblümchen, Ziest.

Zeigerpflanzen für nassen Boden: Ampfer, Wiesenschaumkraut, Trollblume, Löwenzahn, Ackerschachtelhalm, Wilde Möhre.

Zeigerpflanzen für verdichteten Boden: Ackerkratzdistel, Breitwegerich, Gänsefingerkraut, Knöterich, Kriechender Hahnenfuß.

Schauen Sie nach, welche Pflanzen bei Ihnen wachsen und Sie haben einen Richtwert, wie Ihr Boden beschaffen ist. Wenn Sie es ganz genau wissen wollen, schicken Sie eine Bodenprobe an ein Labor und lassen Sie sie untersuchen.

Kapitel 3.2. Bodenschutz und Bodenpflege

Der Boden ist mit das Wichtigste in einem Garten. Ohne guten Boden wachsen keine oder nur mickerige Pflanzen, die keinen Ertrag bringen. Da Sie als Permagärtner mit der Natur gärtnern, gehört es einfach dazu, dass Sie den Boden als Ihre wichtigste Ressource schützen und pflegen. Bei einem guten Boden besteht ein ausgewogenes Verhältnis zwischen Wasser, Luft, organischen Bestandteilen (Humus) und Mineralstoffen. Der Boden ist der Lebensraum der Bodenbewohner, der Boden filtert Schadstoffe, die sonst in das Grundwasser gelangen würden und nicht zuletzt speichert er Regenwasser. Das Speichervermögen hängt von der Bodenbeschaffenheit ab. Ein gesunder Boden mit dicker Humusschicht kann wesentlich mehr Wasser speichern und den Pflanzen zur Verfügung stellen als ein vernachlässigter, von Erosion gezeichneter Boden.

Die natürlichen Bodenfunktionen und die Bodenstruktur müssen erhalten bleiben. Sie dürfen nicht durch Erosion, Bodenversiegelung, Bodenbelastungen und Bodenschadverdichtung gestört werden. Erosion tritt bei nackter Bodenoberfläche auf. Entweder werden durch Wasser oder Luft (Wind) Teile des Bodens abgetragen. Deshalb werden Sie in einem Permagarten niemals nackten Boden finden. Er ist immer mit einer Mulchschicht bedeckt.

Bodenversiegelung bedeutet, dass der Boden mit Beton oder Asphalt zugeschüttet wird und Straßen, Parkplätze oder Gebäude gebaut werden. Für Ihren Permagarten bedeutet das, dass Sie keine Betonwege anlegen. Falls es notwendig sein sollte, einen Bereich zu stabilisieren, für eine Sitzecke oder weil neben dem Komposthaufen immer eine matschige Stelle ist, verwenden Sie Rasengittersteine. Durch sie kann der Boden atmen. Vielleicht haben Sie sich schon immer gewundert, dass um den Stamm von Stadtbäumen keine normalen Gehwegplatten, sondern Rasengittersteine liegen. Mit diesen Spezialsteinen kommt Luft an die Baumwurzeln, sie können atmen, der Baum gedeiht besser.
Bodenbelastungen durch Chemikalien treten häufig in industriell genutzten Gebieten

auf. Auch die herkömmliche Landwirtschaft belastet den Boden durch den Einsatz von chemischen Düngemitteln und Herbiziden. In den letzten Jahren sieht man nur noch Monokulturen aus Mais, der ohne Fruchtfolge mehrere Jahre hintereinander auf der gleichen Fläche angebaut wird. Das funktioniert nur, wenn dem Boden die entzogenen Nährstoffe künstlich wieder zugeführt werden. Mit anderen Worten, es kommt jedes Jahr mehr Chemie zum Einsatz. Der Boden wird immer stärker belastet.

Zum Glück arbeiten Permagärtner ohne Chemie, dafür mit Mischkulturen und Fruchtwechsel. Bodenschadverdichtungen entstehen, wenn große, schwere Geräte, Traktoren und andere landwirtschaftliche Geräte den Boden zu viel befahren. Sie drücken durch ihr Gewicht die Hohlräume zwischen den Bodenbestandteilen zusammen. In diesen Hohlräumen befindet sich normalerweise Luft, die für die Bodenlebewesen lebensnotwendig ist. Fehlen diese Luftblasen, können sich die Wurzeln der Pflanzen nicht optimal ausbreiten und Sauerstoff, Wasser sowie Nährstoffe aufnehmen, um die Pflanze zu ernähren. Für Sie als Hobbygärtner ist dieser Punkt nicht relevant, Sie werden sicherlich nicht mit einem riesigen Traktor durch Ihren Garten fahren. Aber Sie können eines tun, um den Boden weitestgehend zu schützen. Lockern Sie Ihren Gartenboden vor dem Pflanzen oder Säen gut auf, nur auflockern, nicht graben, und lassen Sie keinen Boden unbedeckt. Ihr Boden wird es Ihnen mit hoher Fruchtbarkeit und hohem Wasserhaltevermögen danken.

Kapitel 3.3. Humusschicht fördern

Humus, das sind die abgestorbenen organischen Bestandteile des Bodens. Sie versorgen die Pflanzen mit Nährstoffen. Humus sorgt ebenfalls für einen optimalen Luft- und Wärmehaushalt des Bodens. Sie finden ihn in den oberen 10 bis 20 cm Ihres Bodens, er fällt durch seine schwarze Farbe auf. In ihm fühlen sich Bodenlebewesen besonders wohl.

Humus bildet sich, wenn abgestorbene Pflanzenreste zersetzt werden. Als Erstes zerkleinern den Boden bewohnende Lebewesen diese Pflanzenreste wie Laub, welkes Gras usw. Es entstehen Huminstoffe, diese Huminstoffe unterscheiden sich je nach den Pflanzen, die zerkleinert wurden. Es können die schwarzen, nährstoffreichen Humine entstehen, es können aber auch saure, rotbraune Humine entstehen. Letzteres ist der Fall, wenn viele Tannennadeln und dergleichen unter den Pflanzenresten waren. An diese Huminstoffe sind die Nährstoffe, die Sie in Ihrem Boden haben wollen, gebunden. Allerdings können die Pflanzen so noch nichts damit anfangen. Die Nährstoffe müssen noch durch Mikroorganismen freigesetzt werden. Dann endlich stehen sie den Pflanzen zur Verfügung. Dieser Prozess verläuft bei einem gesunden Boden langsam und kontinuierlich. Die Nährstoffe werden über einen langen Zeitraum zur Verfügung gestellt.

Genau deshalb ist ein aktives, ungestörtes Bodenleben so wichtig für Ihren Permagarten. Der Humusgehalt eines Bodens hängt zu einem großen Teil von der Bodenart ab. Haben Sie reinen oder fast reinen Sandboden in Ihrem zukünftigen Garten, wird kaum Humus vorhanden sein. Um durchstarten zu können, müssen Sie Ihrem Boden Humus zuführen, sonst wird nicht viel wachsen. Reifen Kompost, den Sie untermischen könnten, haben Sie noch nicht. Sie können sich Biokompost kaufen oder Sie kennen einen Kleintierhalter oder Pferdebesitzer und besorgen sich verrotteten Stalldung. Der Dung von Hühnern oder Pferden ist besonders gut, er hat die wertvollsten Inhaltsstoffe. Die Tierhalter sind meistens froh, wenn ihnen jemand den Dung abnimmt und geben ihn kostenlos ab. Im Herbst freut sich der Hühnerhalter bestimmt über eine Kiste frisch geerntetes Gemüse oder Obst aus

Ihrem Garten. Wenn Sie den Anhänger für den Transport mit einer Plane auslegen, halten sich die Reinigungsarbeiten hinterher in Grenzen. Viele Biobauern verkaufen inzwischen kostengünstig getrockneten Rinder- oder Pferdedung. Den gibt es in praktischen Papiersäcken ab Hof. Schauen Sie sich in Ihrer Gegend um, Sie werden mit Sicherheit fündig. Auch das ist einer der Kreisläufe im Permagarten, die Zusammenarbeit mit Gleichgesinnten.

Alternativ können Sie Pflanzenjauchen ansetzen. Das ist nicht schwer, zum Düngen übergießen Sie in einem Eimer Brennnesseln mit Wasser, decken den Eimer ab und warten 3 bis 4 Wochen. Die entstandene Brühe riecht etwas streng, ist aber ein sehr guter organischer Dünger. Mischen Sie die Jauche gut mit Stroh und arbeiten Sie alles in den Boden ein. Das Stroh verhindert, dass die Jauche zu schnell abfließt und erhöht das Wasserhaltevermögen. Reines Stroh oder Stroh mit Wasser würde den Boden sauer machen, deshalb immer mit Pflanzenjauche mischen.

Eine dicke Humusschicht in Ihrem Boden aufzubauen, dauert einige Jahre. Laden Sie die unterschiedlichen Bodenbewohner ein, indem Sie ihnen genug Nahrung anbieten. Einer üppigen Mahlzeit aus Mulchmaterial, Kompost, Gründüngungspflanzen und Pflanzenjauchen können Würmer und Co. nicht widerstehen. Sie werden sich mit ihrem Gefolge, den Mikroorganismen, scharenweise bei Ihnen einfinden. Sehr zur Freude Ihrer Pflanzen, die nun ihrerseits unterirdisch einen gedeckten Tisch serviert bekommen.

Kapitel 3.4. Die Gründüngung

Gründüngung ist für einen Permagarten unverzichtbar. Sie hat mehrere Vorteile. Nährstoffe, die von den Gemüsepflanzen während ihres Wachstums aus dem Boden entnommen wurden, werden dem Boden zurückgegeben. Die Fruchtbarkeit bleibt erhalten, die Bodenlebewesen finden weiterhin gute Lebensbedingungen. Die Bodenstruktur und das Wasserhaltevermögen wird verbessert. Der Stickstoff aus der Luft wird an den Boden gebunden. Die Gründüngungspflanzen bedecken den Boden, sie verhindern Erosion und hindern unerwünschte Beikräuter am Wachsen. Viele als Gründünger eingesetzte Pflanzen sind gute Bienenweiden.

Gründüngung funktioniert ganz einfach, Sie brauchen nicht viel zu tun, umso mehr tut die Gründüngung für Ihren Garten. Abgeerntete Beete, die in der laufenden Saison nicht mehr für Folgesaaten genutzt werden, würden leer sein und brachliegen. Das Gleiche trifft für Beete zu, die für eine ganze Saison nicht bestellt werden. Viele Permagärtner halten sich an die Weisheit der Alten. In der Dreifelderwirtschaft wurden jedes Jahr nur zwei Felder bewirtschaftet, das dritte lag brach. Die Reihenfolge wechselte von Jahr zu Jahr, sodass jedes Feld zwei Jahre bestellt war und im dritten Jahr brachlag und sich erholen konnte. Bleibt das brachliegende Beet leer, haben Wind und Wasser leichtes Spiel. Wertvolle Nährstoffe werden ausgewaschen oder fliegen mit dem Wind davon, lästige Beikräuter, die Sie nur schwer wieder loswerden, machen sich breit. Säen Sie auf solche Flächen Gründüngungspflanzen. Sie brauchen sie nur auszusäen, sie wachsen von allein und bilden schnell einen dichten Bewuchs. Mit ihren Wurzeln lockern sie den Boden auf. Lupinen und Sonnenblumen haben besonders lange Wurzeln, die auch in tiefere Bodenschichten reichen. So beugen Sie hier einer Verdichtung vor. Besonders gern werden Leguminosen als Gründüngungspflanzen gesät. Die Knöllchenbakterien an ihren Wurzeln fangen den Stickstoff aus der Luft und machen ihn für andere Pflanzen zugänglich. Vor allem bei trockenen Böden können die Gemüsepflanzen im nächsten Jahr bis zu 30 % mehr Stickstoff aus dem Boden aufnehmen. Zu den Leguminosen gehören Lupine, Klee,

Erbsen, Bohnen oder Wicken. Die Blüten von Lupinen und Klee sind zudem eine gute Bienenweide. Nicht zu den Leguminosen gehört Phacelia, sie zählt aber trotzdem zu den beliebtesten Gründüngungspflanzen. Ihre wunderschönen, blau-lila Blüten ziehen Bienen und Hummeln geradezu magisch an.

Gründüngungspflanzen werden nicht geerntet. Sie bleiben auf dem Beet, einzige Ausnahme ist Klee. Falls Sie Kaninchen, Hühner oder andere Kleintiere halten, ist Klee ein wertvolles, weil eiweißreiches Futtermittel. Sie müssen nur aufpassen, dass die Tiere nicht zu viel davon bekommen, Verdauungsbeschwerden sind die Folge. Entweder sterben die Gründüngungspflanzen im Herbst ab oder sie erfrieren beim ersten Frost. Die Überreste lassen Sie auf dem Beet liegen, sie sind eine prima Mulchschicht für den Winter. Bei Bedarf können Sie sie im Frühjahr, zur Verbesserung der Bodenstruktur, leicht einarbeiten. Welche Pflanzen Sie als Gründüngung auswählen, hängt von dem Gemüse ab, das danach auf dem Beet wachsen soll. Raps, Weißer Senf oder Ölrettich sind Kreuzblütler, genau wie Kohl. Diese Arten sollten Sie nicht nacheinander anbauen, ebenso wenig wie Erbsen nach Lupinen. Eine gute Idee ist es, Leguminosen als Gründüngung zwischen Mais zu säen. Der Mais sollte dabei einen Wachstumsvorsprung haben. Mais ist ein Starkzehrer, der von den Knöllchenbakterien profitiert, im Gegenzug bietet er eine natürliche Rankhilfe für Erbsen und Kletterbohnen.

Gründüngungspflanzen bekommen Sie im Handel oft als Gemisch wie Landsberger Gemenge. Die Mischung besteht aus Welschem Weidelgras, Inkarnatklee und Zottelwicke. Nebenbei eine gute Futtermischung für hungrige Vierbeiner.

Pflanzen zur Gründüngung sind: Lupine, Klee, Wicken, Weißer Senf, Ölrettich, verschiedene Gräser, Sonnenblumen, Phacelia oder Raps.

Kapitel 3.5. Kompost

Der Komposthaufen ist ein tragendes Element in Ihrem Permagarten. Hier werden alle anfallenden Abfälle entsorgt und in wertvollen Kompost umgewandelt. Dabei helfen Ihnen unter anderem die Kompostwürmer. Der fertige Kompost wird in den Boden eingearbeitet. Sehr zur Freude aller darin lebenden Organismen. Sie verarbeiten den Kompost im nächsten Schritt zu Humus und machen die Nährstoffe für die Pflanzenwurzeln verfügbar. Die Bodenstruktur wird verbessert, Luft kann eindringen, Wasser wird besser gehalten.

Kompost muss nicht wie ein wilder Haufen aussehen, wo wahllos alles hingeschmissen wird. Gestalten Sie ihn doch etwas attraktiver: Eine Umrandung aus naturbelassenen Brettern, Maschendraht, Steine, Sie haben die Wahl. Kreativ wird es, wenn Sie Äste vom Baumschnitt in die Erde stecken und weitere Zweige herumflechten. Dabei stört es überhaupt nicht, wenn die Ecken nicht rechtwinklig sind oder die Seiten nicht ganz parallel. Es ist Ihr Garten und Ihr Komposthaufen. Alternativ gibt es im Handel fertige Komposter und Schnellkomposter zu kaufen. Günstig sind zwei Bereiche bzw. zwei Komposthaufen. Dann kann in einem der Rotteprozess ungestört ablaufen und den zweiten nutzen Sie, um gerade anfallende Abfälle zu entsorgen. Ihr Kompost sollte an einer halbschattigen bis schattigen Stelle untergebracht sein, die schnell zu erreichen ist. Hier trocknet er nicht aus und Sie brauchen nicht jedes Mal mit den Küchenabfällen bis zum Grundstücksende zu rennen. Zum Boden hin muss der Kompost offen sein, damit die Bodenlebewesen von unten einziehen können, eine Abdeckung nach oben schützt vor zu viel Wasser.

Was gehört auf den Kompost?

Auf jeden Fall Abfälle aus Küche und Garten, Dung, Stroh, Federn, Eierschalen, Kaffeesatz und unbedruckte Pappe. Laub, Holz und Rinde verrottet nur langsam, vielleicht bauen Sie dafür einen extra Komposter. Laubkompost gibt eine prima Anzuchterde für Jungpflanzen.

Nichts auf dem Kompost zu suchen haben:

gekochte Essensreste, Milchprodukte, Fleisch, Kuchen und Gebäck. Damit ziehen Sie nicht nur gern gesehene Gäste an, sondern laden vor allem Ratten ein. Außerdem sollten Sie keine Unkräuter, die sich über ihre Wurzeln vermehren oder gerade Samen bilden auf den Kompost geben. Kranke oder von Schädlingen befallene Pflanzen gehören dort ebenfalls nicht hin. Sie würden mit dem Kompost die Unkräuter und Schädlinge später über Ihren ganzen Garten verteilen.

Grasschnitt geben Sie nur angewelkt zum Kompost, Sägespäne nur in kleinen Mengen. Sie nehmen den Bodenlebewesen eine Menge Arbeit ab, wenn Sie alle Abfälle gut zerkleinern. Umso schneller wird Ihr Kompost fertig. Damit Ihr Kompost richtig gut wird, muss die Zusammensetzung stimmen. Kohlenstoffhaltige Bestandteile und stickstoffhaltige Bestandteile sollten im Verhältnis 15:1 bis 20:1 stehen.

Kohlenstoffhaltig sind: Hackschnitzel, Stroh, Laub, Zweige.
Stickstoffhaltig sind: Gemüsereste, Grasschnitt, Kaffeesatz, Jauche, Mist.

Den besten Verrottungserfolg erzielen Sie, wenn Sie die kohlenstoffhaltigen und stickstoffhaltigen Bestandteile gut vermischen. Sie können den Prozess beschleunigen, wenn Sie Gartenerde oder fertigen Kompost unter die Abfälle geben. Damit siedeln Sie Bodenlebewesen an, die sich gleich an die Arbeit machen. Sie brauchen nicht zu warten, bis sich welche einfinden. Alternativ geben Sie Effektive Mikroorganismen (EM) zu, das beschleunigt den Prozess enorm.
Ihr Kompost sollte nicht zu nass, aber auch nicht zu trocken sein. In einem nassen Haufen

schlägt die gewünschte Verrottung in Fäulnis um, in einem zu trockenen Haufen fühlen sich Ihre kleinen Helferlein nicht wohl und arbeiten nicht richtig. Wenn Sie beim Anfassen das Gefühl haben, Sie haben einen ausgedrückten Schwamm in der Hand, stimmt die Feuchtigkeit.

Soll Ihr Kompost schnell fertig werden, lohnt es sich, ihn umzusetzen. Dabei bringen Sie die äußeren Schichten nach innen und umgekehrt. Ihr Kompost ist dann fertig, wenn er wie Waldboden riecht. Dann können Sie ihn auf den Beeten verteilen und einarbeiten. Falls Sie noch ein paar größere Teile von Ästen finden, geben Sie sie zurück in den neuen Kompost.

3.6. Terra Preta

Nicht nur als Alternative zum Kompost bietet sich Terra preta an. Lange war es den Archäologen ein Rätsel, denn bevor die ersten Europäer ankamen, betrieben die Ureinwohner am Amazonas eine blühende Landwirtschaft. Dabei ist der Boden dort doch von Natur aus unfruchtbar. Vor einigen Jahren gelang es ihnen, das Geheimnis zu lüften. Die Antwort lautet: Terra preta, eine extrem fruchtbare, schwarze Erde. Mit Erstaunen stellte man fest, dass diese Menschen, obwohl sie das Wort Recycling nicht kannten, genau das gelebt haben. Sie verwandelten ihren Abfall in fruchtbare Pflanzerde. In ihre Abfallgruben kam alles hinein, was die sie nicht mehr brauchten. Fischabfälle, Knochen, Tonscherben, die Holzkohle, die von ihren Feuern übrigblieb und alle Fäkalien des Dorfes. War eine Grube voll, wurde sie mit Erde verschlossen und der Inhalt verrottete zu Terra preta, die sie auf den Feldern verteilten.

Sie sehen, es ist ganz einfach. Das dauert Ihnen zu lange? Keine Angst, es geht auch schneller.

So stellen Sie Terra preta (konzentrierte Mischung, schnelle Variante) für den Garten selbst her:

Das ist der Weg, den Sie zu Anfang, ohne eigenen Kompost gehen können.
Sie brauchen: Holzkohle (Pflanzenkohle), Urin (Jauche, Pflanzenjauche, Dung), Mikroorganismen EM-A (aktivierte, effektive Mikroorganismen-Lösung, gibt es im Gartenbedarf), Urgesteinsmehl.

Die Pflanzenkohle können Sie kaufen, viel mehr Spaß macht es, sie selbst zu machen. Graben Sie ein Loch und verbrennen Sie darin alle Äste und Zweige vom Baumschnitt oder anderes organisches Material. Geben Sie nicht gleich alles ins Feuer, warten Sie, bis eine Schicht verbrannt ist und sich eine weiße Asche zeigt. Dann kommt neues Material darauf. Laden Sie Ihre Nachbarn mit ein und machen Sie sich einen gemütlichen Nachmittag am Feuer. Die Nachbarn haben mit Sicherheit auch Material vom Hecken- oder Baumschnitt übrig, das sie loswerden wollen. Nehmen Sie Ihnen diese Sorge ab und verwandeln Sie Abfall in Holzkohle. Ist alles verbrannt, löschen Sie das Feuer sorgfältig, Sie wollen ja keinen Flächenbrand verursachen. Am nächsten Tag nehmen Sie die Holzkohle aus der Grube und breiten sie aus. Sie muss trocknen und sich abkühlen. Anschließend geht es ans Zerkleinern. Je kleiner die Stücke sind, umso mehr Wasser, Nährstoffe und Mikroorganismen kann die Kohle aufnehmen. Mit einem Schredder geht das schnell und einfach, alternativ ist Handarbeit gefragt. Nun könnten Sie auf die Idee kommen, einfach die Grillkohle zu nehmen, die vom letzten Grillabend noch in der Ecke steht. Das geht theoretisch, nur sind in handelsüblicher Grillkohle viele Schadstoffe enthalten. Die hätten Sie dann alle in Ihrem Garten, also lassen Sie die Grillkohle lieber für das nächste Gartenfest.

Nun nützt Ihnen die Holzkohle allein noch nicht viel, sie muss aktiviert werden. Sie soll sich mit Nährstoffen und Mikroorganismen richtig vollsaugen. Dazu gießen Sie Urin oder Jauche über die Kohle oder mischen Dung unter. Um den richtigen Mikroorganismen den Start zu erleichtern, geben Sie noch EM-A-Lösung und Urgesteinsmehl dazu. Einmal kräftig durchrühren und ein paar Stunden stehen lassen, schon ist Ihre erste Terra preta fertig. Bei dieser konzentrierten Mischung müssen Sie darauf achten, dass sie nicht direkt mit den Wurzeln der Pflanzen in Kontakt kommt. Es müssen immer ein paar Zentimeter normale Erde dazwischen sein.

Terra preta mit eigenem Kompost (dauert etwas länger):

Sie brauchen die gleichen Ausgangsstoffe wie bei der ersten Methode plus Kompost / kompostierbare Abfälle.

Haben Sie schon kompostierbare Abfälle gesammelt oder halbfertigen Kompost, kommen auf eine Schicht von 10 cm Abfällen aktivierte Holzkohle und Gesteinsmehl. Treten Sie alles gut fest. Dann wieder 10 cm Abfall oder Kompost, aktivierte Holzkohle und Gesteinsmehl. Vor der nächsten Schicht das Festtreten nicht vergessen. Je fester und dichter der Haufen gestampft ist, umso besser. Kommt Luft (Sauerstoff) zum Zersetzungsprozess, dringen Fäulnisbakterien ein und übernehmen die Herrschaft. Sie töten die guten Mikroorganismen, die Sie extra gekauft und eingesetzt haben und holen sich Schimmelpilze zur Verstärkung. Das Ergebnis ist ein stinkender Haufen Abfall. Also, immer schön festtreten. Nach 4 bis 6 Wochen, je nachdem wie groß der Haufen ist, ist Ihre Terra preta fertig und kann auf die Beete. Diese Variante kann gern direkten Kontakt zu den Pflanzen haben.

Terra preta für den Balkon:

Für Ihren Balkon brauchen Sie nicht auf wertvolle Terra preta zu verzichten. Sie benötigen lediglich einen Bokashi-Eimer. Das Besondere an diesem Eimer ist der Auslaufhahn am Boden. Während des Zersetzungsprozesses bildet sich Sickersaft. Draußen läuft er ab, in Ihrem Eimer müssen Sie die Flüssigkeit zweimal wöchentlich entfernen. Das geht am einfachsten über den Ablaufhahn. Haben Sie einen normalen Eimer, müssen Sie den Sickersaft umständlich abgießen. Die entstandene Flüssigkeit ist guter Dünger. Also nicht wegwerfen, sondern auf die Beete damit. In Ihren Bokashi-Eimer füllen Sie Küchenabfälle dann Holzkohle, EM-A-Kulturen und Urgesteinsmehl. Stampfen Sie alles gründlich fest. Das funktioniert gut mit einer Glasflasche mit geradem Boden. Dann weiter mit Abfällen, Holzkohle, EM-A, Urgesteinsmehl und stampfen usw., bis Ihr Eimer voll ist. Jetzt heißt es ca. 2 Wochen zu warten, dann ist Ihre Terra preta für den Balkon fertig. Sie ist hochkonzentriert, deshalb gilt auch hier, immer ein paar Zentimeter Abstand zu den Pflanzenwurzeln halten.

Sie können Kompost, Terra preta und guten Mutterboden mischen.
In die Kompost / Terra preta / Mutterbodenschicht auf Ihren Beeten säen bzw. setzen Sie direkt Ihre Pflanzen. Die Pappe verhindert, dass Gräser oder anderes Beikraut wachsen kann, deren Wurzeln sterben ab. Im Laufe der Zeit verrottet die Pappe und die Wurzeln Ihrer Pflanzen können sich ausbreiten.

3.7. Mulchen der Beete

Mulchen der Beete

Ihre Pflänzchen sind gut angewachsen und schreien ständig nach Wasser. Das ist verständlich, sind im Wasser doch alle Nährstoffe enthalten, die sie brauchen.

Sind die Kerlchen 10 bis 15 cm hoch, gönnen Sie ihnen eine Mulchschicht. Verwöhnen Sie so viele Pflanzen wie möglich damit. Die Zeit, die Sie sonst fürs Jäten und Gießen aufbringen müssten, investieren Sie lieber in die schönen Dinge des Lebens. Vor allem Ihr Rücken wird sich freuen, wenn Sie weder schwere Kannen noch Eimer schleppen. Unerwünschte Beikräuter brauchen, wie alle Pflanzen, Licht zum Wachsen. Unter dem Mulch sitzen sie im Dunkeln und können nicht gedeihen. Die Mulchschicht verhindert die gefürchtete Bodenerosion und nebenbei zersetzt sie sich zu wertvollem Humus. Falls doch mal ein unerwünschter Gast durch die Mulchschicht dringt, ziehen Sie ihn heraus. Einige Gemüsearten mögen keinen Mulch, dazu gehören Möhren und Pastinaken.

Die Mulchschicht wächst zusammen mit Ihren Pflanzen. Bei allen Vorteilen des Mulchens, vergessen Sie Ihre Pflanzen nicht. Sie müssen schon noch aus all dem Mulch herausschauen und atmen können. Wenn die Pflanzen größer werden, erhöhen Sie schrittweise die Mulchschicht auf mindestens 20 cm. Trauen Sie sich ruhig, eine richtig dicke Schicht Material aufzubringen. Nur dann hat die Arbeit Sinn und Sie und Ihre Pflanzen können alle Vorteile genießen. Durch zu dünnen Mulch wachsen unerwünschte Pflanzen einfach durch und es verdunstet noch zu viel Wasser.

Die Idee, zum Mulchen den Grasschnitt zu verwenden ist generell nicht verkehrt. Absolut falsch wird es, wenn Sie den reinen Grasschnitt auf die Beete verteilen. Grasschnitt in dicken Lagen fängt von unten schnell an zu schimmeln, unerwünschte Bakterien sammeln sich an und der Rotteprozess geht in eine falsche Richtung. Mischen Sie ihn mit Stallmist, Laub, Hackschnitzeln oder anderem groben Material, funktioniert die Durchlüftung und Schimmel hat keine Chance. Der Stallmist versorgt nebenbei die in der Mulchschicht lebenden Mikroorganismen mit Stickstoff. Diese winzigen Wesen sind nützlich, verwandeln sie doch den Mulch nach und nach in Kompost. Das ist genau das, was Sie haben wollen. Seien Sie nett zu Ihren Mikroorganismen, geben Sie ihnen Futter. Übrigens, sie lieben Hühnermist, auch wenn der vorher nicht kompostiert war. Unter der Erde freuen sich Regenwürmer über den feuchten Boden. Sie führen wahre Freudentänze auf, die den Boden herrlich locker halten. Es kann passieren, dass Sie mit so viel organischem Material auf Ihren Beeten weitere, ungebetene Gäste anlocken: Nacktschnecken! Ein Horror für jeden Gartenfreund! Sie machen vor nichts Halt und hat man sie erst, wird man sie nur sehr schwer wieder los. Tagsüber und in Trockenperioden verstecken sich die schleimigen Nervensägen gern unter Stroh und ähnlichem weichen Material. Kantige Hackschnitzel meiden sie. Überlisten Sie die Biester, indem Sie in Ihr Mulchmaterial Hackschnitzel mischen und Stroh möglichst meiden. Ebenfalls vermeiden sollten Sie in den Gemüsebeeten Rindenmulch. Er macht den Boden sauer. Rindenmulch eignet sich für Wege oder Obststräucher.

Die Mulchschicht bleibt über Winter auf den Beeten. Erst im Frühjahr, ca. eine Woche bevor Sie aussäen, harken Sie den Mulch etwas zur Seite. Dann kann sich der Boden besser erwärmen, die Samen keimen besser und schneller. Wird der Mulch wieder gebraucht, haben Sie ihn griffbereit zur Hand.

Auch in den Folgejahren graben Sie die Beete nicht um. Sie bringen Kompost und Terra preta ein, die Sie jetzt ausreichend zur Verfügung haben und lockern den Boden nur auf. Dazu nehmen Sie eine Grabegabel, eine Grelinette oder einen Sauzahn.

Kapitel 3.8. So gewinnen Sie Wasser

Ziel ist es, vorhandenes Wasser sinnvoll zu nutzen und Trockenzeiten zu überstehen. Die Grundlage, humushaltigen Boden, der viel Wasser speichern kann, und Mulchen der Beete haben wir schon besprochen.

Fangen Sie bei Regen so viel Wasser auf wie möglich. An allen Dächern, egal ob Haus, Nebengebäude oder Gewächshaus sollten Sie intakte Regenrinnen installiert haben. Das ist eine Investition, die sich auszahlt. Das Wasser läuft von der Regenrinne in große Tonnen oder Kanister. Bei großen Dächern können Sie mehrere Tonnen hintereinander schalten. Sie brauchen 2 bis 3 Tonnen und ein oder zwei ca. 20 cm lange Schlauchstücke. Schneiden Sie dazu oben, ein paar Zentimeter unter dem Rand, zwei sich gegenüber liegende Löcher in die Tonnen. Die Löcher müssen so groß sein, dass die Schlauchstücke gerade hineinpassen. Verbinden Sie jeweils zwei Tonnen mit einem Schlauchstück, dichten Sie die Stellen, an denen die Schläuche in den Tonnen stecken, mit Dichtungsband ab. Ist eine Tonne voll, läuft das Wasser durch den kurzen Schlauch in die nächste Tonne. Nichts wird verschwendet.

Hat Ihr Permagarten ein Gefälle? Das können Sie ausnutzen. Bauen Sie von den Regenrinnen ausgehend Bachläufe bis zur tiefsten Stelle Ihres Grundstückes. Das Wasser wird sich dort sammeln und einen kleinen Teich bilden. Bepflanzen Sie den Rand Ihres Teiches mit Wasserpflanzen, hält das das Wasser länger vor Ort. Schattierung durch Bäume oder Sträucher hilft ebenfalls, damit das Wasser nicht so schnell verdunstet.

In die Gemüsebeete können Sie Tontöpfe eingraben. Wasser, das Sie in die Töpfe gießen, sickert langsam durch das Abzugsloch im Boden in die Erde. Bei unglasierten Töpfen oder Krügen wird das Wasser noch langsamer über die gesamte Oberfläche des Gefäßes abgegeben. Haben Sie ein größeres, unglasiertes Tongefäß, ist die Wasserversorgung Ihrer Pflanzen für längere Zeit gesichert. Vielleicht finden Sie einen Töpfer, der Ihnen solche Gefäße anfertigt.

Vergessen Sie nicht, nach dem Gießen die Mulchdecke wieder aufzulegen. Sie verhindert, dass das Wasser sofort wieder verdunstet.

Aufwendig aber wirkungsvoll ist es, wenn Sie sich einen Klärteich anlegen. Alles Wasser, das in Ihrem Haushalt anfällt, wird hier durch entsprechende Bepflanzung über mehrere Stufen gereinigt. Mit dem Brauchwasser, das am Ende dabei herauskommt, können Sie wunderbar Ihren Garten bewässern.

Kapitel 4 Gemüse anbauen

Sie haben festgelegt, welche Pflanzen Sie wo anbauen möchten und Sie sind sich über die Beschaffenheit Ihres Bodens im Klaren. Sie wissen, welche Wachstumsbedingungen die Pflanzen brauchen. Jetzt wird es Zeit, die Beete und Pflanzstellen vorzubereiten.

Das oberste Gebot in der Permakultur ist es, bestehende Kreisläufe zu erhalten und gegebenenfalls neue zu erschaffen. Ein ganz wichtiger Kreislauf betrifft den Boden und die darin lebenden Tiere, Pilze und Kleinstlebewesen. Sie sind es, die dafür sorgen, dass der Boden locker ist, die Pflanzen Wasser und Nährstoffe aufnehmen können und organisches Material abgebaut wird (Humus entsteht). Es ist inzwischen erwiesen, dass Pflanzen untereinander Informationen austauschen und sich bei Bedarf gegenseitig helfen können. Diese Hilfe funktioniert hauptsächlich bei Pflanzen einer Art. Artfremde Pflanzen werden teilweise als Konkurrenz angesehen und verdrängt. Manche Arten vertragen sich auch gut miteinander und ergänzen sich gegenseitig. Dieser Informationsaustausch läuft über die Wurzeln und funktioniert unter anderem über Pilze, die im Boden leben. Gesunde, kräftige Pflanzen, die einen hohen Ertrag bringen, wachsen nur auf einem gesunden, funktionierenden Boden. Durch Umgraben, wie es in konventionellen Gärten üblich ist, zerstören Sie einen Großteil der Bodenlebewesen, der Boden wird geschwächt.

In der Permakultur legen Sie Mulchbeete ohne Umgraben an. An den Außenkanten Ihres zukünftigen Beetes graben Sie Steine oder Bretter als Begrenzung ein, damit von den Seiten kein Gras hineinwachsen kann. Decken Sie mit dicker, unbedruckter Pappe die Innenfläche Ihres Beetes ab. Das Gras darunter kann ruhig lang sein, das macht nichts. Durch die Pappe wird es auf die Seite gelegt und stirbt ab. Die Pappe muss sich auf jeden Fall gut überlappen und die Fläche komplett abdecken. Achten Sie darauf, dass die Pappe wirklich unbedruckt und frei von Klebeband ist. Das enthält Chemie, die sonst in Ihrem Boden landet. Auf die Pappe schütten Sie ca. 10 bis 15 cm Kompost oder Mutterboden. Zu Anfang werden Sie noch nicht genügend eigenen Kompost haben.

Frühbeete und Gewächshäuser

Frühbeete funktionieren genau wie Gewächshäuser, sie sind nur kleiner. In beiden können Sie nach Bedarf die Erntesaison vorverlegen oder in den Herbst und Winter hineinverlängern. Pflanzen, die Sie sonst nur in Südfrankreich frisch genießen können, wie Feigen, ernten Sie in Ihrem eigenen Gewächshaus. Strahlt die Sonne auf die Glasflächen, wird es im Inneren warm, im Sommer zu warm. Da herrschen dann schnell Temperaturen wie in einer Sauna. Das vertragen die meisten Pflanzen nicht, gönnen Sie Ihnen einen automatischen Lüfter. Steigt die Temperatur auf 20 Grad, öffnet er ein Fenster. Alternativ können Sie das Fenster oder die Tür selbst öffnen, dazu müssten Sie ständig vor Ort sein. Ein Gewächshaus schützt empfindliche Pflanzen vor ungünstigem Klima. Damit das funktioniert, muss es ringsum geschlossen sein. Der Nachteil daran ist, dass kein Regenwasser ins Innere dringen kann. Hier sind Sie mit der Gießkanne gefragt oder Sie entwickeln sich ein ausgeklügeltes Bewässerungssystem. Z. B. könnten Sie das Regenwasser über Dachrinnen am Gewächshaus auffangen und mithilfe von Regenrinnen oder Schläuchen ins Gewächshaus hineinleiten.

Warmes Frühbeet bzw. warmes Gewächshaus

In einem warmen Frühbeet / Gewächshaus ist es, wie der Name schon sagt, wärmer als in einem kalten Frühbeet. Hier kann das ganze Jahr Gemüse wachsen und Sie mit frischem Grün versorgen. Um die Pflanzen über Winter schön warmzuhalten, müssen Sie im Herbst etwas Arbeit investieren. Frühbeet oder Gewächshaus müssen gut abgedichtet sein, um die Kälte draußen zu lassen. Häufen Sie dazu eine dicke Schicht Erde um den Kasten an und drücken Sie alles gut fest. Noch besser ist es, wenn Sie erst eine Schicht Laub oder halbverrotteten Stalldung an die Außenseiten Ihres Frühbeetes schichten und obendrauf noch ein paar Zentimeter Erde oder Grassoden. Hier wird schon außen wertvolle Wärme produziert. Im Inneren bringen Sie eine Schicht Stalldung, mindestens 10 cm, auf, anschließend eine Schicht Kompost oder Terra preta. Falls Sie keinen Stalldung auftreiben können, funktioniert es auch mit halbfertigem Kompost. Beim Verrotten produziert der Stalldung Wärme, das ist der ganze Trick eines warmen Frühbeetes. Es dauert etwas, bis der Prozess richtig läuft, haben Sie noch ein wenig Geduld. Ab Ende Januar / Anfang Februar können die ersten Samen in die Erde. Ist der erste Salat abgeerntet, sind die ersten Pflänzchen ins Freibeet umgezogen, ist Platz für Folgeaussaaten. Zum Herbst hin wird es kälter und die Tage werden kürzer. Beides bremst das Wachstum Ihrer Pflanzen. Wählen Sie für den Herbst- und Winteranbau Gemüsesorten, die kälteresistent sind. Beginnen Sie schon im August damit, das Wintergemüse im Frühbeet auszusäen. Wenn Sie im Abstand von 14 Tagen säen, können Sie den ganzen Winter ernten. Letzter Aussaattermin ist Anfang bis Mitte Oktober, spätere Aussaaten bringen keinen Erfolg mehr. Das Wachstum ist über Winter so weit verlangsamt, dass Sie das im Oktober gesäte Gemüse im Februar ernten. Sinken die Temperaturen unter –5 Grad wird es selbst im warmen Frühbeet für das meiste Gemüse zu kalt. Abhilfe schaffen Sie, indem Sie licht- und luftdurchlässiges Vlies über Ihre Pflanzen decken. Wird es noch kälter, legen Sie zusätzlich Vlies über das ganze Frühbeet. Für absolut frosthartes Gemüse, wie Grünkohl oder Rosenkohl, brauchen Sie im Frühbeet keinen wertvollen Platz zu verschwenden. Dieses Gemüse fühlt sich auch in strengen Wintern draußen am wohlsten.

Bei einem Gewächshaus funktioniert es genauso. Für Gewächshäuser gibt es elektrische Heizplatten, die Sie in den Boden eingraben oder Schläuche, durch die heißes Wasser geleitet wird. Beides funktioniert gut, ist aber nichts für Sie als Permagartenbesitzer. Der Boden mit seinen Bewohnern nimmt dabei zu viel Schaden. Ein Permagärtner hält sich an die Natur und arbeitet mit natürlicher Wärme aus verrottendem Stalldung und halbfertigem Kompost, das ist viel umweltschonender. Eine Ecke im warmen Gewächshaus sollten Sie für Pflanzen und Stauden frei lassen, denen es draußen zum Überwintern zu kalt ist. Eventuell schützen Sie sie zusätzlich mit Vlies, je nachdem, wie empfindlich die Pflanze und wie kalt der Winter ist. Den Platz auf den Beeten und im Frühbeet / Gewächshaus das ganze Jahr optimal auszunutzen, ist gar nicht so einfach. Deshalb sollten Sie sich Zeit nehmen, wenn Sie Ihren Anbauplan aufstellen.

Kaltes Frühbeet oder kaltes Gewächshaus

In kalten Frühbeeten oder im kalten Gewächshaus bereiten Sie den Boden genauso vor wie draußen. Sie lockern ihn auf und bringen Kompost oder Terra preta auf. Ende Februar, Anfang März steht die Sonne wieder höher und schickt ihre wärmenden Strahlen durch das Glasdach. Bevor die Sommergäste, Tomaten, Paprika, Auberginen oder Gurken das Gewächshaus belegen bzw. solange sie noch klein sind, säen Sie Gemüse und Kräuter ab Ende Februar oder Anfang März dort aus. Wenn es wärmer wird, sind die Pflänzchen groß genug, dass sie auf Außenbeete umziehen können. Es steht Ihnen frei, alles vorzuziehen, was Sie wollen, Salate, Kohlrabi, Bohnen, Freilandgurken, Kürbisse, Zucchini, Patisson …

Ein stabiles Pflanzregal im Gewächshaus erweitert nicht nur die Anbaufläche, es öffnet neue Horizonte. Pflanzen Sie Gurken und Melonen in große Töpfe, die dann ihren Platz auf dem Regal finden. Vorher bringen Sie unter dem Gewächshausdach Maschendraht an. Sind Gurken- und Melonenpflanzen so weit, dass sie anfangen sich auszubreiten und zu ranken, zeigen Sie ihnen vorsichtig die Richtung zum Maschendraht. Er wird für sie eine willkommene Hilfe sein, sich festzuhalten. Haben die Triebe den Weg erst gefunden, ist der Maschendraht bald überwuchert. Sie ersparen sich das Hochbinden an den Pflanzstangen, die Melonen nehmen nicht den ganzen Platz auf dem Boden in Anspruch und so ganz nebenbei haben Sie im Sommer Ihr Gewächshaus schattiert. Kein lästiges Hantieren mehr mit Schilfmatten und Abdeckplanen. Wenn die Pflanzen am Maschendraht Früchte bilden, könnte es ein Problem mit der Schwerkraft geben. Werden die Früchte zu schwer, ziehen sie die ganze Pflanze nach unten bzw. fallen ab. Hier heißt es, frühzeitig zu handeln und erfinderisch zu sein, solange die Melönchen und Gurkenkinder noch klein sind. Vorsichtig, um sie nicht abzubrechen, stecken Sie sie in Netze. Die Netze von Mandarinen und Apfelsinen vom letzten Winter machen sich gut dafür. Die Netze mitsamt den kleinen Früchtchen befestigen Sie am Maschendraht und nichts fällt mehr herunter.

Frühbeete für den Balkon

Im Handel gibt es kleine Minigewächshäuser zu kaufen. Auf Ihrem Balkon finden Sie sicher ein Plätzchen dafür. Oder als handwerklich begabter Permagärtner bauen Sie sich selbst eines, das genau Ihren Bedürfnissen und dem vorhandenen Platz entspricht.

Gemüse vorziehen, ohne Frühbeet und Gewächshaus

Auch das ist möglich. Alles was Sie brauchen ist ein Fensterbrett, Aussaatgefäße und Aussaaterde. Füllen Sie die Erde in Ihre Töpfchen. Ob Sie Torftöpfchen oder Tontöpfchen nehmen, ist egal. Kreativ und umweltbewusst wird es, wenn Sie Eierpappen in Aussaattöpfe umfunktionieren. Einfach Erde rein und schon haben Sie 10 kleine Aussaatgefäße. Nun gibt es zwei Sorten Gärtner. Die einen stecken 10 Samenkörner in einen Topf und die anderen jeweils ein Samenkorn in 10 Töpfe. Zu welcher Sorte Sie gehören, müssen Sie selbst entscheiden. Bedecken Sie die Samen mit einer dünnen Schicht Erde und halten Sie die Erde gut feucht. Sind die 10 Pflänzchen in dem einen Topf aufgelaufen wird es schnell zu eng. Sie müssen dafür sorgen, dass jede Pflanze ihren eigenen Topf bekommt. Das nennt sich pikieren oder vereinzeln. Das ist nicht schlimm. Heben Sie die Pflänzchen vorsichtig aus der Erde. Meistens haben sich die Wurzeln ineinander verhakt, und

Sie müssen sie auseinanderdröseln. Anschließend setzen Sie jede Pflanze in einen extra Topf. Pikieren können Sie, wenn sich das erste richtige Blatt entwickelt hat. Die ersten kleinen, hellgrünen Blättchen, bei zweikeimblättrigen Pflanzen sind es zwei, bei einkeimblättrigen Pflanzen eins, tauchen während der Keimung auf. Es dauert einige Tage, bis das erste Laubblatt erscheint. Es ist wesentlich größer, kräftiger, dunkler und Sie können die spätere Blattform schon erahnen. Das Pikieren mag auf den ersten Blick als Mehrarbeit erscheinen, hat aber durchaus Vorteile. In die neuen Töpfe setzen Sie die Pflanzen tiefer ein. Einige, Tomaten, Gurken, setzen Sie so weit wie möglich, bis zum Blattansatz, in die neue Erde. Kohlrabis möchten nicht ganz so tief gepflanzt werden, aber schon tiefer als im Aussaattopf. Die Pflänzchen stehen in ihren neuen Töpfen sicherer und stabiler. Sie bilden an dem jetzt in der Erde steckenden Trieb neue, zusätzliche Wurzeln aus und werden kräftiger. Einen ähnlichen Effekt erreichen Sie, wenn Sie bei der Einzelkornmethode die Erde erst nur zur Hälfte einfüllen. Sind die Keimlinge groß genug, füllen Sie Erde nach.

Die Pflänzchen wollen viel Licht, damit die Photosynthese funktioniert. Sie wachsen in Richtung des Lichtes. Sind Ihre Keimlinge krumm, wollen sie Ihnen damit sagen: Stell uns näher ans Licht, sonst verhungern wir! Nun gibt es selbsternannte Experten, die nicht auf ihre Pflänzchen hören wollen. Sie drehen den Topf einfach zur anderen Seite. Dann wachsen die Winzlinge in die andere Richtung und sind wieder gerade! Okay, toll, nur am nächsten Tag biegen sie sich wieder zum Licht und werden prompt wieder gedreht. Die einzige Möglichkeit der Keimlinge ist es, so schnell wie möglich in die Länge zu wachsen. Nur so ergattern sie genügend Licht. Das Ergebnis sind Pflanzen mit langen, dünnen, hellgrünen Trieben. Solche Pflanzen schwächeln vor sich hin und bringen keinen guten Ertrag.

Gemüse im Freien

Sobald es das Wetter erlaubt und Ihre Pflanzen so weit sind, geht es raus auf die Freilandbeete. Vor späten Nachtfrösten bewahren Sie Ihre Schützlinge mit aufgelegtem Vlies, Folientunneln oder einzelne Pflanzen mit Hütchen. Alle diese Teile haben die Eigenart, sich beim leisesten Windhauch auf und davon zu machen. Im Handel gibt es spezielle Befestigungshaken dafür. Der pfiffige Permagärtner biegt sich selbst welche aus Draht oder benutzt Steine und Erde zum Verankern.

Die meisten Gärtner können es kaum erwarten, die ersten frischen Triebe zu ernten. Sehen Sie sich schon unter dem Kirschbaum sitzen und saftigen Rhabarberkuchen essen? Doch egal wie oft Sie am Tag an der Rhabarberpflanze vorbeigehen und sie gierig anschauen, es dauert seine Zeit, bis geerntet werden kann, oder nicht? Nehmen Sie beim nächsten Rundgang einen Eimer oder großen Topf mit, der keinen Boden mehr hat. Den stülpen Sie über Ihre Rhabarberpflanze. Fertig ist das Rhabarbertreibhaus. Wenn die Stängel anfangen, aus dem Eimer herauszuwachsen, nehmen Sie den Eimer wieder weg. Sonst müssen Sie bis zum Herbst warten, bis sich die Pflanze für den Winter in die Erde zurückzieht.
Pflanzen, die es feucht lieben, setzen Sie in Mulden oder schmale Gräben. Darin sammelt sich das Regenwasser, Möhren und Pastinaken lieben so etwas.

Gemüse in Kübeln und Töpfen

Auf Terrasse, Balkon oder dem gepflasterten Hof wachsen nicht nur Blumen in Töpfen, mit Gemüse klappt das ebenso.

In Pflanzkübel oder -töpfe gehört zuerst eine Drainageschicht aus Kieselsteinen. Das verhindert, dass Ihre Pflanzen nasse Füße bekommen. Damit überschüssiges Wasser ablaufen kann, ist mindestens ein Loch im Boden. Der schönste und teuerste Pflanzkübel der Stadt nützt Ihnen nichts, wenn Ihre Pflanze in der Staunässe verfault. Und das nur, weil kein Wasserabzugsloch im Boden ist.

Auf die Drainageschicht füllen Sie Terra preta oder / und Kompost. Schon ist er bezugsfertig für die Pflanzen. Den oberen Abschluss bildet eine Mulchschicht.

Tomaten im Tomatenhaus und im Freiland

Tomaten sind recht empfindliche Gesellen. Sie mögen es warm mit einem trockenen Kopf. Im Wurzelbereich haben sie es gern etwas feucht, Wasser auf den Blättern ist Gift für sie. Sie wollen ständig umsorgt werden. Seitentriebe, die in den Blattachsen schneller auftauchen als Sie schauen können, müssen entfernt werden. Ausgeizen nennt der Fachmann das. Weiterhin brauchen Sie Ihre Hilfe um in die Höhe wachsen zu können. Sie können sich das Anbinden erleichtern, wenn Sie keine kerzengeraden Pflanzstäbe für Tomaten verwenden. Nehmen Sie stattdessen Zweige mit Nebenzweigen vom letzten Baumschnitt. Wenn sie nicht ganz gerade sind, stört das die Tomaten überhaupt nicht. An den Abzweigungen halten sich die Pflanzen teilweise selbst fest. Die Triebe vom Ausgeizen werfen Sie bitte nicht weg. Die größten stecken Sie in die Erde und halten sie feucht. Meistens treiben sie Wurzeln und wachsen an. Bei einem schönen Herbst können Sie ab September mit einer Ernte rechnen. Die restlichen ausgegeizten Triebe werfen Sie auf und zwischen die Kohl- und Kohlrabipflanzen. Kohlweißlinge hassen den Tomatengeruch und meiden solche Beete.

Leichter geht die Tomatenzucht mit Wildtomaten. Die Früchte werden zwar nicht sehr groß, erscheinen dafür in Massen und schmecken angenehm aromatisch. Wildtomaten brauchen Sie weder auszugeizen noch anzubinden. Werden die Triebe zu lang und liegen zu weit auf der Erde, können Sie sie ein wenig zusammenbinden.

In warmen, trockenen Sommern klappt die Tomatenernte im Freiland sehr gut. Schwierig wird es, wenn der Sommer kühl und / oder nass ist. Stehen Tomaten zu nass, werden sie schnell Opfer der Braunfäule. Die Blätter werden braun, die Früchte fleckig und ungenießbar. Wie so oft heißt es auch hier: Vorbeugen ist besser als Heilen. Sie wollen verhindern, dass Ihre Tomaten zu nass stehen. Werden sie nass, sollen sie schnell abtrocknen. Das funktioniert besser, wenn zwischen den einzelnen Pflanzen genug Abstand ist, als wenn sich 5 Pflanzen auf einen Haufen drängen. Tomaten können ruhig an einem etwas luftigen Ort stehen. Es darf nicht ziehen, das verkraften sie nicht. Etwas Luftbewegung lässt die Blätter besser abtrocknen. Falls Gießen notwendig ist, gießen Sie bitte nur den Wurzelbereich und lassen die Blätter trocken.

Am besten ist es sicherlich, wenn Ihre Tomaten mit einem Regendach erst gar nicht nass werden. Da haben Sie zwar einen Mehraufwand, Sie müssen gießen, werden dafür aber mit reichlich Tomaten belohnt. Ein einfaches Dach wie eine Art Pavillon funktioniert nur, wenn der Regen gerade fällt, das tut er fast nie. Besser ist ein spezielles Tomatenhaus. Das ist ein Dach mit drei Seitenwänden und einer offenen Seite wie bei einem Carport. Die offene Seite sollte dort sein, von wo der Regen fast nie kommt. Das ist in den meisten Fällen die Südseite. Hier haben Ihre Schützlinge frische Luft und von oben ist es trocken. Einen Rundumschutz bieten Sie Ihren Pflanzen im Gewächshaus. Sie können Ihre Tomatenpflanzen verwöhnen, wenn Sie ihnen in die Pflanzgrube eine Handvoll klein geschnittene Brennnesseln geben. Sie danken es Ihnen mit kräftigem Wachstum. Tomaten pflanzen Sie so tief es geht, wenn die untersten Blätter dabei unter der Erde verschwinden, macht das nichts. Die Pflanzen bilden am ehemaligen Stängel, der jetzt unter der Erde ist, noch Wurzeln aus und werden kräftiger.

Das Pflanzen

Egal wo und wann Sie pflanzen, nehmen Sie die Pflanzen vorsichtig aus dem Anzuchttopf oder dem Frühbeet. Die alte Erde schütteln Sie nur leicht ab. Was an Erde nicht abgeht, bleibt dran. Es erleichtert den Jungpflanzen den Neustart, wenn sie ihre feinen Wurzelhaare behalten. Beim Entfernen der alten Erde gehen zu viele verloren und selbst dickere Wurzeln werden beschädigt. Umpflanzen bedeutet für jede Pflanze Stress, machen Sie Ihren Schützlingen den Umzug leicht. Vergessen Sie nach dem Pflanzen das Angießen nicht. Durch das Angießen bekommen die Pflanzen eine Erstversorgung mit Wasser. Die Wurzeln haben den Kontakt zum Boden verloren, der normale Wasserkreislauf funktioniert noch nicht. Die Pflanze kann weder Wasser noch Nährstoffe aus dem Boden aufnehmen. Das Angießwasser drückt die neue Erde an die Wurzeln, die Pflanze schickt ihre Wurzeln auf Entdeckungsreise. Dort wo Wasser ist, verankern sich die Wurzeln in der Erde und bilden neue Wurzelhaare. Der Kreislauf ist wiederhergestellt. Je mehr intakte Wurzeln an der Pflanze bleiben, umso schneller wächst sie an.

Es hilft den Pflänzchen, wenn sie nicht in der prallen Sonne umziehen müssen. Verlegen Sie Pflanzarbeiten nach Möglichkeit in die Abendstunden oder an einen trüben Tag. Besonders gut klappt es, wenn Sie bei Nieselregen umpflanzen. Ausgerüstet mit Gummistiefeln, Friesennerz und Regenhut (gehört zur Grundausstattung jeden Gärtners), kann Ihnen der Regen nichts anhaben und den Pflanzen tut es gut. Verzichten Sie trotz Regen nicht auf das Angießen. Selbst wenn vorbeikommende Spaziergänger Sie belächeln, weil Sie im Regen mit der Gießkanne hantieren. Lächeln Sie freundlich zurück.

Übrigens, Sie bekommen schöne, gerade Reihen, wenn Sie Ihre Harke flach auf den Boden legen. Der Stiel liegt dort, wo die Reihe sein soll. Treten Sie einmal kurz auf den Harkenstiel, schon haben Sie einen Abdruck im Boden, dem Sie folgen können.

Kapitel 4.1. Gemüsesorten

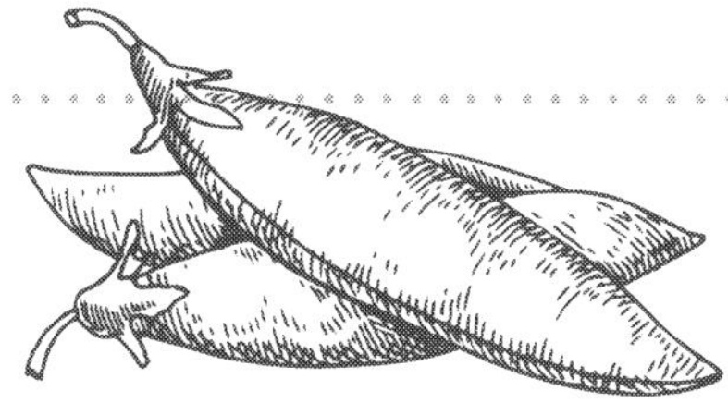

Bohnen

Aussaat: Frühbeet ab April, im Freiland ab Mitte Mai,

Ausnahme: Dicke Bohnen ab Ende Februar ins Freiland, Folgesaaten möglich,

Reihenabstand: 20 cm,

Pflanzenabstand: 20 cm, Saattiefe: 5 cm,

Erntezeit -> ab August,

Besonderheiten: frostempfindlich, binden Stickstoff, viele Arten und Sorten, nur gekocht verbrauchen, rohe Bohnen enthalten Giftstoffe. Je öfter Sie ernten, umso mehr Blüten und Früchte erscheinen an den Pflanzen. Kochen, Einkochen, Einfrieren, Trocknen (ohne die grüne Hülse),

gute Nachbarn: Bohnenkraut, Mischkultur mit Mais, Stangenbohnen und Kürbis,

schlechte Nachbarn: Zwiebeln, Fenchel

Blumenkohl, Brokkoli, Romanesco

Aussaat: ab Ende Februar im Frühbeet, Mitte April direkt ins Beet,

Auspflanzen: ab Mitte April,

Pflanzenabstand: 50 x 50 cm, tief pflanzen,

Erntezeit -> Juli bis August, beim Brokkoli nur die Blume abschneiden, die Pflanze bleibt im Boden. Es bilden sich bis Oktober immer wieder Seitentriebe, die Sie ernten können.

Besonderheiten: Starkzehrer, hoher Wasserbedarf, Brokkoli schießt schnell in Blüte, wenn Sie nicht rechtzeitig ernten. Küche, Einkochen, Einfrieren, Fermentieren,

gute Nachbarn: Buschbohnen, Erbsen, Spinat, Rote Bete, Sellerie,

schlechte Nachbarn: Kartoffeln, Knoblauch, Kohl, Rhabarber, Zwiebeln, Porree

Chili

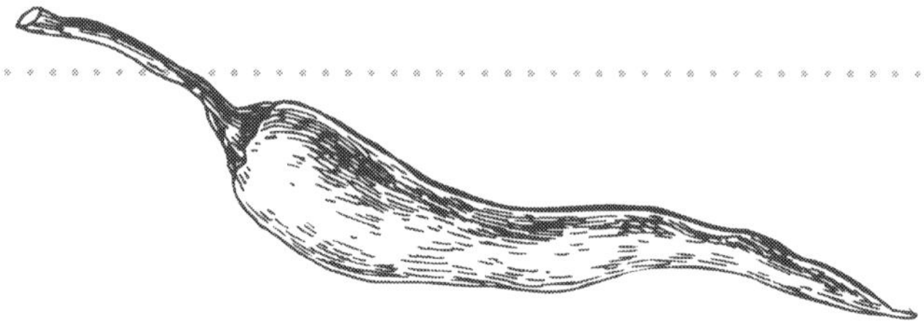

Aussaat: Vorziehen ab Februar,

Auspflanzen ins Gewächshaus Mitte April, ins Freiland Mitte Mai,

Pflanzenabstand 50 bis 60 cm,

Erntezeit -> August bis Oktober,

Besonderheiten: frostempfindlich, geschützter Standort, hoher Wasserbedarf, Küche, Würzen, Füllen, Trocknen,

gute Nachbarn: Tomaten, Gurken, Möhren, Kohl,

schlechte Nachbarn: Rote Bete, Fenchel, Erbsen

Erbsen

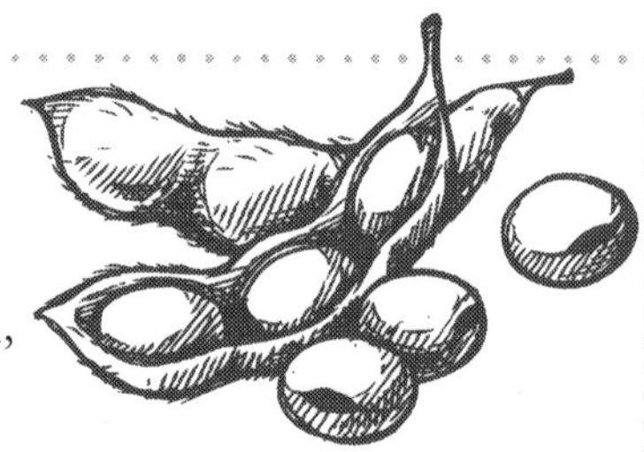

Aussaat: ab Ende Februar ins Freiland, Folgesaaten möglich,

Reihenabstand: 20 cm,

Pflanzenabstand: 5 cm, Saattiefe: 4 bis 5 cm, Damit Ihre frisch gesäten Erbsen nicht zu Taubenfutter werden, legen Sie einige Reisigäste auf das Beet. Dann kommen die gierigen Vögel nicht an das begehrte Futter heran. Die Äste können Sie später als Erbsenbusch und Rankhilfe zwischen die Reihen in den Boden stecken.

Erntezeit -> Ende Juni bis Oktober,

Besonderheiten: sonniger Standort, ab Blühbeginn hoher Wasserbedarf, Frischverzehr (Zuckererbsen können Sie mit der Schale essen.), Kochen, Einkochen, Einfrieren, Trocknen,

gute Nachbarn: Sonnenblumen (bieten gleichzeitig Rankhilfe)

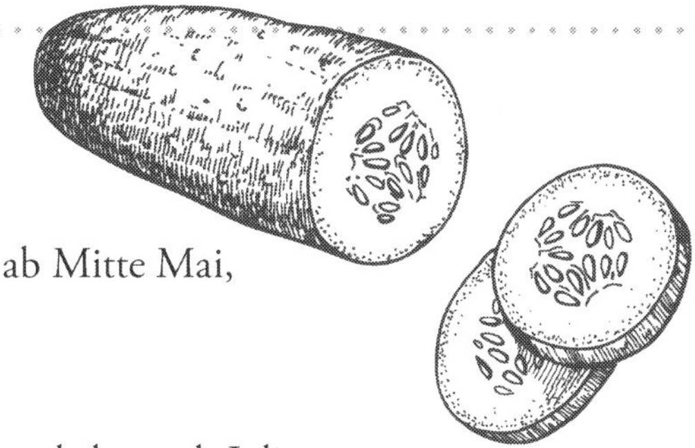

Gurke

Aussaat: Vorkultur ab Februar, im Freiland ab Mitte Mai,
Reihenabstand: 1m,
Pflanzenabstand: 40 cm,
Erntezeit -> ab August im Freiland, im Gewächshaus ab Juli,
Besonderheiten: wärmeliebend, Starkzehrer, gleichmäßige Wasserversorgung, viele Sorten, Schlangen- und Salatgurken brauchen eine Rankhilfe, Frischverzehr, Kochen, Einlegen, in der Küche, Haben Sie eine Gurke vergessen und sie ist gelb geworden, schmeckt sie noch wunderbar als Schmorgurke.

Kartoffeln

Pflanzen: März bis Juni, Die Pflanzkartoffeln lassen Sie ein paar Tage vor dem Pflanztermin offen liegen, dann bilden sich schon Triebe. Kartoffeln werden in ca. 60 cm breite Dämme gepflanzt. Der Boden in den Dämmen erwärmt sich schneller.
Pflanzenabstand: 30 cm, Pflanztiefe: 8 bis 10 cm,
Erntezeit: August bis Oktober, wenn das Kraut verwelkt ist.
Besonderheiten: Starkzehrer, liebt Wärme, Staunässe vermeiden, aus der Küche nicht wegzudenken, Lagergemüse (siehe Möhren),
gute Nachbarn: Kohlrabi, Dicke Bohnen, Kohl, Mais, Spinat

Knollenfenchel

Aussaat: Vorkultur ab Februar,

Auspflanzen ab April, Direktsaat ins Freiland ab Juni bis August,

Pflanzenabstand: 25 x 25 cm,

Erntezeit -> ab Juli, wenn die Knolle faustgroß ist, **Besonderheiten:** humoser Boden, anspruchslos, kann roh und gegart verzehrt werden, Die Blätter eignen sich zum Würzen. Schneiden Sie die Knolle kurz über dem Boden ab und lassen Sie die Wurzel stehen, dann entwickeln sich schnell neue Triebe. Frischverzehr, Kochen, Einfrieren,

gute Nachbarn: Blumenkohl, Radieschen, Salat

Kohl:

Aussaat: Vorkultur ab Februar im Frühbeet, ab April ins Freiland,

Auspflanzen ab Ende März / Anfang April,

Pflanzenabstand: 50 x 50 cm,

Erntezeit -> Juni bis in den Winter, je nach Sorte, Spitzkohl ist schnell reif und muss vom Beet, Wirsing im August, Kopfkohl bleibt bis zum Herbst stehen, Rosenkohl und Blattkohl (Grünkohl, Sibirischer Kohl) kann den ganzen Winter stehen und bei Bedarf geerntet werden.

Besonderheiten: hoher Wasser- und Nährstoffbedarf, Zur Lagerung ziehen Sie den Kopf mit den Wurzeln heraus und hängen ihn kopfüber auf. Äpfel sollten dabei nicht in der Nähe sein, dann welkt Ihr Kohl schnell. Frischverzehr, Kochen, Einkochen, Einfrieren, Fermentieren, Trocknen, Lagergemüse,

gute Nachbarn: Gurken, Erbsen, Buschbohnen

Kohlrabi:

Aussaat: Vorziehen ab Ende Januar, direkt ins Freiland ab April, Folgesaaten möglich,
Auspflanzen: ab März, im Freiland vor Nachtfrösten schützen,
Pflanzenabstand: 25 x 25 cm,
Erntezeit: Juni bis Oktober,
Besonderheiten: Starkzehrer, hoher Wasserbedarf, Herbstsorten (Superschmelz, Gigant) gut als Lagergemüse (siehe Möhren), Frischverzehr, Kochen, Einkochen, Einfrieren, die jungen Innenblätter können Sie ebenfalls essen,
gute Nachbarn: Erbsen, Bohnen, Kartoffeln, Salat, Tomaten, Rote Bete, Sellerie, Spinat

Kürbis:

Aussaat: vorziehen ab Februar, im Freiland Mitte Mai,
Auspflanzen ins Gewächshaus ab April, ins Freiland ab Mitte Mai,
Pflanzenabstand: 150 x 150 cm, außer, Sie haben eine Kletterhilfe, die die Triebe in luftige Höhen leitet.
Erntezeit -> September bis Oktober,
Besonderheiten: Starkzehrer, wächst gut auf Hügel- oder Hochbeeten, hoher Wasserbedarf, wärmeliebend, pflegearm, Lagergemüse, Kürbisse mögen es auch im Winterlager warm (20 bis 24 °C), dann halten sie sich bis zum nächsten Sommer. Ein rustikaler Weidenkorb, gefüllt mit Ihrer Kürbisernte kann sehr dekorativ sein. Frischverzehr, Kochen, Einkochen, Dekoration (große Kürbisse zum Schnitzen für Halloween),
gute Nachbarn: Mais, Sonnenblumen, Bohnen, Erbsen,
schlechte Nachbarn: Kartoffeln

Mais (Zuckermais):

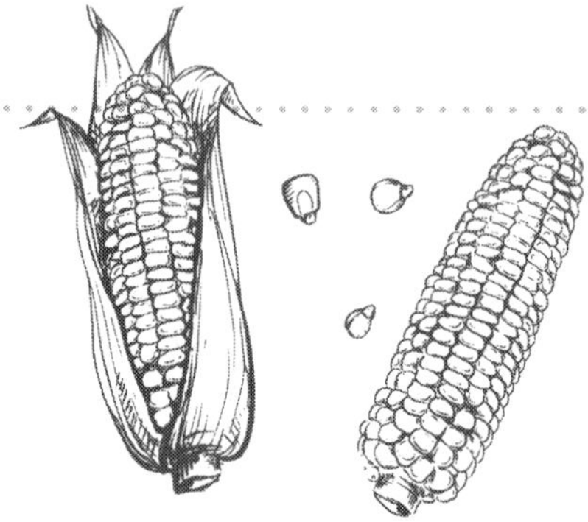

Aussaat: ab Mai direkt ins Freiland,

Reihenabstand: 60 cm,

Pflanzenabstand: 20 cm,

Erntezeit -> August bis September, wenn sich die Fäden dunkel verfärben, Optimaler Erntezeitpunkt ist die Milchwachsreife, wenn Sie ein Korn anritzen tritt milchige Flüssigkeit aus. Je länger die Kolben an den Pflanzen bleiben, umso härter werden die Körner.

Besonderheiten: Starkzehrer, wärmeliebend, wird bis 2 m hoch und schattiert die Nachbarbeete, Frischverzehr, Kochen, Einfrieren,

gute Nachbarn: Bohnen, Erbsen

Mangold:

Aussaat: ab April direkt ins Freiland,

Reihenabstand: 30 cm,

Pflanzenabstand: 40 cm,

Erntezeit -> Juni bis Oktober / November,

Besonderheiten: robust und pflegeleicht, zur Ernte die äußeren Blattstiele ca. 5 cm über dem Boden abschneiden, Frischverzehr, Kochen, Einfrieren,

gute Nachbarn: Bohnen, Erbsen, Dill, Fenchel, Salat, Rote Bete, Zwiebeln, Sellerie,

schlechte Nachbarn: Tomate, Kartoffeln, Rettich, Radieschen

Möhren:

Aussaat: ab Ende Februar ins Freiland, Boden vorher tiefgründig lockern, dann werden die Wurzeln schön gerade, Folgesaaten möglich,

Erntezeit -> Juni bis Oktober,

Besonderheiten: warmer, sonniger Standort, auf keinen Fall frischen Kompost oder Stalldung einarbeiten, viele Sorten, im Sommer geerntete Möhren bald verbrauchen oder verarbeiten, Herbstmöhren sind lange lagerfähig (Rote Riesen), müssen vereinzelt werden, Wenn Sie damit warten, bis die Möhrchen etwas größer sind, brauchen Sie nichts wegzuwerfen. Dann gibt es Gemüse mit ganzen Möhren. Junge, frisch geerntete Möhren nur gründlich abwaschen, Schälen entfällt. Möhren halten sich über Winter unter der Erde, in Erdmieten, lange frisch. Lästig ist nur, dass sich schnell ungebetene Gäste an Ihrem Wintervorrat bedienen. Mäusen und Co verderben Sie die Lust am Naschen, wenn Sie Ihr Lagergemüse in alten Waschmaschinentrommeln unter der Erde lagern. Am besten sind die von Maschinen, die man von oben befüllt, die können Sie richtig schließen. Ihr Gemüse bekommt Luft durch die Löcher und ist trotzdem geschützt. Frischverzehr, Kochen, Einkochen, Einfrieren, Lagergemüse,

gute Nachbarn: Zwiebeln, Studentenblumen

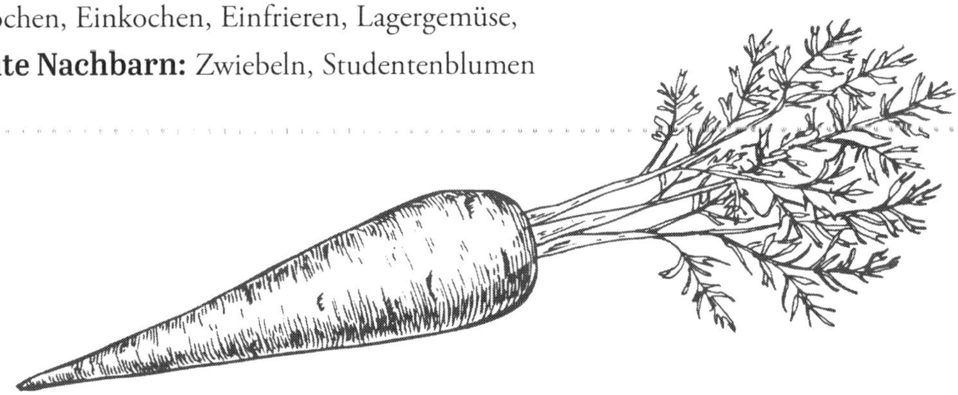

Paprika:

Aussaat: Vorkultur ab Januar,

Auspflanzen ins Gewächshaus ab April, ins Freiland Mitte Mai,

Pflanzenabstand: 50 x 50 cm,

Erntezeit -> ab Juli / August bis Oktober,

Besonderheiten: wärmeliebend, Starkzehrer, geschützter Standort, hoher Wasserbedarf, Pflanzstab als Stütze notwendig, Frischverzehr, Kochen, Einkochen, Einfrieren, Trocknen, Würzen,

gute Nachbarn: Tomaten, Gurken, Möhren, Kohl,

schlechte Nachbarn: Rote Bete, Fenchel, Erbsen

Porree / Lauch:

Aussaat: Vorziehen Februar bis März, Folgeaussaaten möglich,

Auspflanzen: April bis Juni,

Reihenabstand: 25 cm,

Pflanzenabstand: 15 cm,

Erntezeit -> Juli bis in den Winter,

Besonderheiten: Standort sonnig und feucht, Starkzehrer, Geerntet wird der weiße Teil der Porreestange, der unter der Erde wächst. Immer wieder anhäufeln, damit der Teil möglichst lang ist. Verwendung als Gemüse in der Küche,

gute Nachbarn: Kohl, Möhren, Sellerie, Kohlrabi,

schlechte Nachbarn: Bohnen, Erbsen, Rote Bete

Pastinaken:

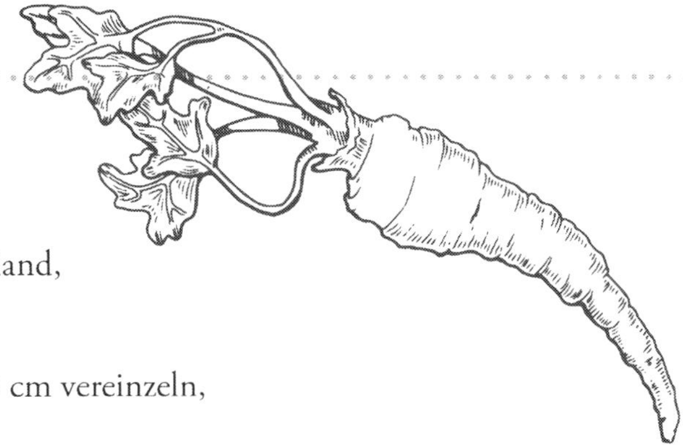

Aussaat: ab Ende März ins Freiland,
Reihenabstand: 15 cm,
Pflanzenabstand: auf 5 bis 10 cm vereinzeln,
Erntezeit -> Oktober,
Besonderheiten: robust und pflegeleicht, Lagergemüse (siehe Möhren), Kochen, Einfrieren,
gute Nachbarn: Möhren, Erbsen, Zwiebeln, Dill, Rote Bete, Ringelblumen, Mais, Salat

Radieschen:

Aussaat: ab März bis August, Folgeaussaaten möglich,
Reihenabstand 10 cm,
Pflanzenabstand: 5 cm,
Erntezeit -> Mai bis Oktober,
Besonderheiten: robust und anspruchslos, Radieschen können Sie als Markiersaat zwischen langsam keimendem Gemüse (Möhren, Pastinaken) säen. So sehen Sie nach ein paar Tagen, wo die Reihen sind. Frischverzehr,
gute Nachbarn: Erbsen, Bohnen, Kohl, Salat, Möhren

Rote Bete:

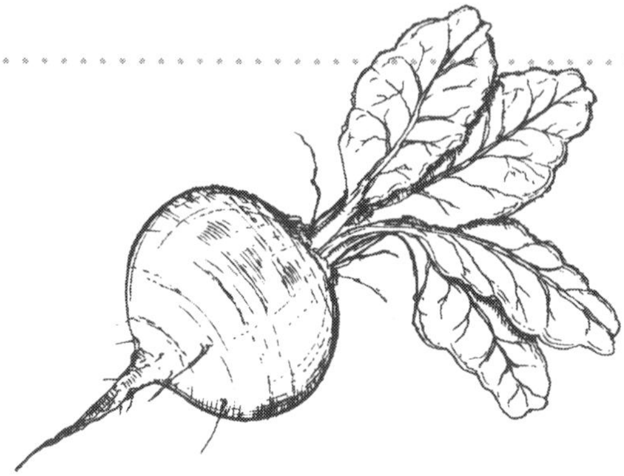

Aussaat: April bis Juni ins Freiland,

Reihenabstand: 25 cm,

Pflanzenabstand: auf 10 cm vereinzeln,

Erntezeit -> Juli bis Oktober,

Besonderheiten: braucht viel Sonne, Boden gut vorbereiten, tiefe Wurzeln, Lagergemüse (siehe Möhren), Knollen, die gelagert werden sollen, dürfen nicht beschädigt sein, sie würden ausbluten und vertrocknen. Übrigens, Rote-Bete-Saft färbt absolut alles, womit er in Berührung kommt. Kochen, Einkochen, Einfrieren, Fermentieren,

gute Nachbarn: Knoblauch, Kohl, Gurken, Koriander, Dill,

schlechte Nachbarn: Kartoffeln, Spinat, Mais

Salat:

Aussaat ab März im Freiland, Folgesaaten möglich, Lichtkeimer, die Samen entweder gar nicht bedecken oder nur sehr leicht.

Reihenabstand: 20 cm,

Pflanzenabstand bei Kopfsalat: auf 20 cm vereinzeln,

Erntezeit -> Mai bis Oktober,

Besonderheiten: Halbschatten, Boden sollte immer feucht sein, Frischverzehr,

gute Nachbarn: Erbsen, Bohnen, Erdbeeren, Kohl, Gurken, Möhren, Radieschen, Rote Bete, Tomaten, Zwiebeln,

schlechte Nachbarn: Sellerie

Schwarzwurzeln:

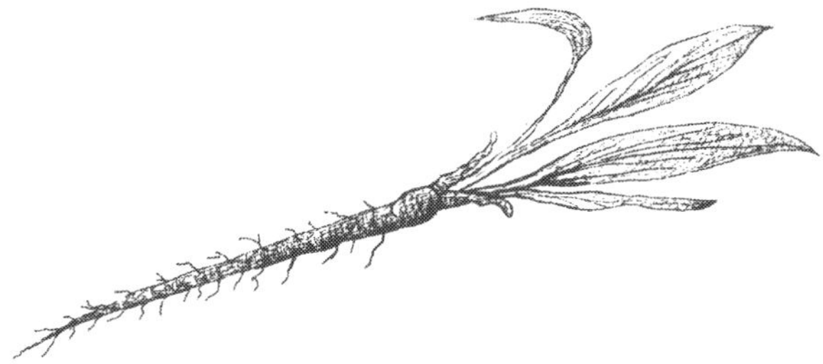

Aussaat: April ins Freiland,

Reihenabstand: 25 cm,

Pflanzenabstand 5 cm,

Erntezeit: Oktober bis November,

Besonderheiten: Boden tief lockern, anspruchslos und robust, Kochen, Einfrieren,

gute Nachbarn: Bohnenkraut, Erdbeeren, Gurken, Kartoffeln, Kohlrabi, Salat, Kohl, Mangold, Sellerie, Tomaten,

schlechte Nachbarn: Fenchel, Erbsen, Porree, Zwiebeln

Sellerie:

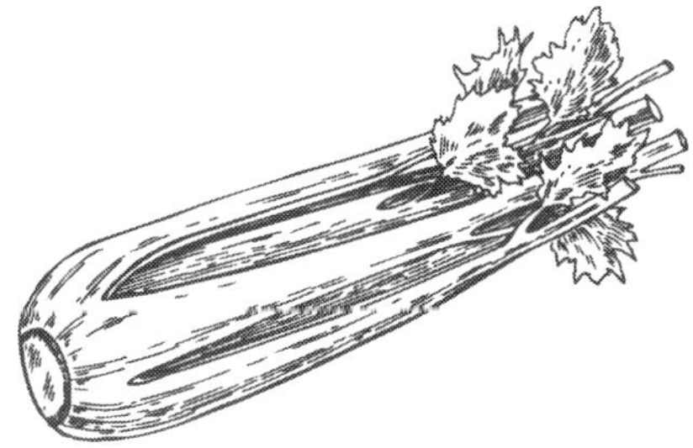

Aussaat: Vorkultur ab März, Lichtkeimer,

Auspflanzen ab Mai,

Reihenabstand: 40 cm,

Pflanzenabstand: 35 cm, nicht zu tief pflanzen,

Erntezeit -> Knollensellerie: September bis Oktober, Stangensellerie: ab August, Lassen Sie die Wurzel in der Erde, wachsen bis in den Spätherbst Stängel nach.

Besonderheiten: Ist die Knolle so groß wie eine Walnuss, möchte sie frei liegen. Entfernen Sie dann vorsichtig alle Erde. zum Würzen, Salate, Fermentieren, Trocknen,

gute Nachbarn: Bohnen, Spinat, Gurken, Kohl, Kohlrabi, Porree, Tomaten

Spinat:

Aussaat: ab März bis Anfang Mai und Juli bis August ins Freiland, Im Mai und Juni ausgesäter Spinat schießt gleich in Blüte.

Reihenabstand: 20 cm,

Pflanzenabstand: 4 cm, Indischer Spinat: Aussaat März / April, Neuseeländer Spinat: Aussaat März / April,

Erntezeit: Mai bis Juni und September bis Oktober, Indischer Spinat und Neuseeländer Spinat ernten Sie ab Mai fortlaufend bis Oktober / November,

Besonderheiten: Indischer und Neuseeländer Spinat wächst immer weiter, pflücken Sie nach Bedarf so viele Blätter ab, wie Sie brauchen. Neuseeländer Spinat hat die angenehme Eigenschaft, sich selbst auszusäen. Sie brauchen sich um nichts zu kümmern, er taucht im nächsten Frühjahr von allein wieder auf. Frischverzehr, Kochen, Einfrieren,

gute Nachbarn: Gurken, Kohlrabi, Kohl, Kartoffeln, Bohnen, Tomaten,

schlechte Nachbarn: Rote Bete

Tomate:

Aussaat: Vorkultur ab Januar,

Auspflanzen ab April ins Gewächshaus, ab Mitte Mai ins Freiland,

Pflanzenabstand: 60 bis 80 cm,

Erntezeit -> Gewächshaus ab Juli, Freiland ab August bis September / Oktober,

Besonderheiten: warmer, sonniger Standort, keine Staunässe, braucht einen Pflanzstab als Stütze, muss regelmäßig ausgegeizt und festgebunden werden, Unreife Früchte können Sie vor den ersten Nachtfrösten ernten und dunkel lagern, sie reifen nach. Frischverzehr, Kochen, Einkochen,

gute Nachbarn: Kohlrabi, Kohl, Salat, Knoblauch, Brennnessel,

schlechte Nachbarn: Gurke, Fenchel, Kartoffeln

Topinambur:

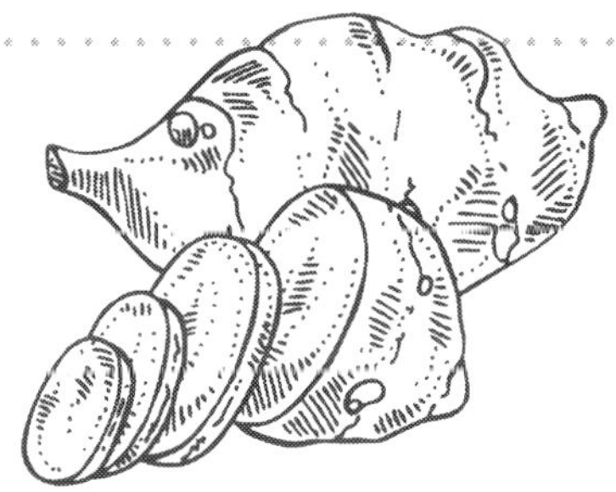

Pflanzen der Knollen im September oder April,

Pflanzenabstand: 30 bis 40 cm,

Erntezeit -> September bis Februar,

Besonderheiten: sonniger Standort, anspruchslos, Lassen Sie einfach ein paar Knollen in der Erde, sie treiben im Frühjahr wieder aus. Sie müssen Topinambur im Herbst nicht aus der Erde nehmen. Er ist winterhart, holen Sie sich bei Bedarf, was Sie brauchen. Damit der Boden nicht zu stark zufriert und Ihnen den Zugang verwehrt, schütten Sie im Herbst eine Schicht Laub auf. Frischverzehr, Kochen, Topinambur sollte einzeln stehen, er verdrängt alle Nachbarn durch seine starke Wurzel- und Knollenbildung. Er wird sehr hoch, gut als Sichtschutz. An der Grenze zum Nachbarn sollten Sie eine Wurzelbremse einsetzen, Topinambur kennt in der Ausbreitung keine Grenzen.

Zucchini / Patisson:

Aussaat: Vorkultur ab Februar, Mitte Mai ins Freiland,

Auspflanzen: ab Mitte Mai,

Pflanzenabstand: 1 bis 2 m,

Erntezeit: ab Juli bis Oktober,

Besonderheiten: Starkzehrer, sonniger Standort, hoher Wasserbedarf, pflegeleicht, Werden Sie nicht mehr Herr über die Zucchinischwemme, lassen Sie eine Frucht an der Pflanze. Die wird dann riesengroß und bremst die Zucchinipflanze in der Produktion neuer, kleiner Früchte. Frischverzehr, Kochen, Einfrieren,

gute Nachbarn: Zucchini vertragen sich mit fast allen anderen Pflanzen.

Zwiebeln:

Aussaat: ab März ins Freiland, Steckzwiebeln ab März stecken,

Reihenabstand: 20 cm,

Pflanzenabstand: 5 cm,

Erntezeit -> wenn die Laubblätter vertrocknet sind, August / September, Steckzwiebeln werden größer als gesäte Zwiebeln,

Besonderheiten: robust, pflegeleicht, leicht windiger Standort, zum Lagern zu Bündeln zusammenbinden und im Schatten trocknen lassen,

gute Nachbarn: Möhren, Rote Bete, Bohnenkraut, Erdbeeren, Salat,

schlechte Nachbarn: Erbsen, Bohnen, Kohl

Kapitel 4.2. So bauen Sie ein Hochbeet

Mindestens ein Hochbeet sollte in Ihrem Permagarten nicht fehlen. Es bietet mehrere Vorteile. Das Offensichtlichste zuerst, Sie brauchen sich bei der Gartenarbeit nicht zu bücken. Ihr Garten kommt Ihnen freundlich und rückenschonend entgegen. Für Menschen mit körperlichen Einschränkungen ist ein Hochbeet oft die einzige Möglichkeit, Gemüse zu ziehen. Ein Hochbeet können Sie auch dort aufstellen, wo unfruchtbare Erde ist, es sehr steinig ist oder auf einer gepflasterten oder betonierten Fläche. Damit können Sie auch noch die letzten Ecken Ihres Grundstückes zum Anbauen von Pflanzen nutzen. Im Inneren des Hochbeetes verrotten Abfälle, Grassoden, Baumschnitt. Dabei wird Wärme produziert, Wärme, die Ihren Pflanzen zugutekommt. Im Frühjahr ist die Erde im Hochbeet wärmer als auf den normalen Beeten. Die meisten Gärtner stehen im März schon in den Startlöchern zur Gartensaison und scharren mit den Füßen. Oft ist es noch zu kalt, vor allem nachts, um draußen erfolgreich auszusäen oder zu pflanzen. Nicht so im Hochbeet, hier können Sie schon mit Salat oder Radieschen beginnen. Wärmeliebende Pflanzen wie Tomaten und Paprika sind ideale Bewohner von Hochbeeten. Dazu ist das Substrat im ersten Jahr sehr nährstoffreich, perfekt für Starkzehrer.

Ein Hochbeet zu bauen, ist nicht schwer. Bei der Umrandung können Sie kreativ alles einsetzen, was Sie zur Verfügung haben. Steine, flache Ziegelsteine funktionieren am besten, ein Rahmen aus Brettern oder Ästen oder Sie flechten sich eine Umrandung wie beim Komposthaufen. Ein Hochbeet aus Steinen ist für die Ewigkeit gemacht, Holz werden Sie früher oder später ersetzen müssen. Unbehandelte Bretter aus Lärchenholz halten ca. 15 Jahre. Auch Paletten lassen sich hier gut verarbeiten. Sie setzen als Erstes die Eckpfosten. Daran befestigen Sie die Bretter, Äste oder Paletten mit Schrauben. Sind die Abstände zwischen den Brettern zu groß, hilft Teichfolie. Damit dichten Sie die Spalten ab und kein Substrat kann herausfallen. Wird Ihr Garten gern von Wühlmäusen heimgesucht, verkleiden Sie die Innenseiten und den Boden mit engem Maschendraht. Das hält die gierigen Nager fern.

Vielleicht finden Sie in der Gerümpelecke hinter dem Schuppen einen alten Holztrog oder ein anderes großes Gefäß. Damit Sie mit dem Trog auf die erforderliche Höhe kommen, bauen Sie ein einfaches Gestell aus Balken oder Stämmen. Oder Sie setzen Ihr zukünftiges Hochbeet auf ein Fundament aus Steinen. Eine ausrangierte Badewanne eignet sich ebenfalls. Bevor Sie sie wegwerfen, versehen Sie sie mit zwei bis drei zusätzlichen Abflusslöchern und Ihr Hochbeet ist fast fertig. Auf genug Abflusslöcher sollten Sie bei allen Gefäßen achten, sonst entsteht Staunässe. Da Wühlmäuse diese Löcher als Herzlich-willkommen-Schilder interpretieren, sollten Sie auch hier alles mit Maschendraht abdichten.

Ihr Hochbeet kann jede Form haben, die Sie möchten, rechteckig, quadratisch, rund, oval oder frei gestaltet. Es sollte nur nicht zu groß werden. Was nutzt Ihnen ein Beet, bei dem Sie den inneren Bereich nicht nutzen können, weil Ihre Arme zu kurz sind? Für kleine Hochbeete können Sie eine Abdeckung aus alten Fenstern basteln. Bei größeren Exemplaren wird eine Abdeckung schnell zu schwer. Mit Abdeckung können Sie Ihr Hochbeet als Frühbeet nutzen. Alternativ gibt es Hochbeete im Handel zu kaufen.

Jetzt geht es ans Befüllen. Wenn Sie im Frühjahr pflanzen wollen, ist die günstigste Zeit dafür der Herbst. Ganz unten hat sich eine Drainageschicht aus Steinen und Kieseln bewährt. Falls es stärker regnen sollte, staut sich kein Wasser im Wurzelbereich. Dann geht es los mit organischem Material. Generell gilt, dass in die untersten Schichten grobes Material kommt, das nach oben hin immer feiner wird. Auf den Boden kommen zerkleinerte Äste, Zweige und Rindenstücke. Das Material sollte relativ dicht liegen, Luftlöcher sind nicht gut für den Zersetzungsprozess. Grobes noch nicht ganz zersetztes Material aus dem Kompost können Sie hier mit einfüllen. Dann folgen Laub, Dung und eventuell dünne Schichten aus Grasschnitt. Wenn Sie dazwischen immer wieder etwas halbfertigen Kompost oder Gartenerde streuen, füllen Sie eventuell vorhandene Löcher und impfen das Substrat gleichzeitig mit Bodenlebewesen und Mikroorganismen. Damit geben Sie den Startschuss für den Verrottungsprozess. Als nächste Schicht geben Sie abgestorbene Pflanzenteile und Gemüseabfälle dazu. Dann fehlt nur noch die letzte Schicht aus Kompost, gemischt mit Gartenerde.

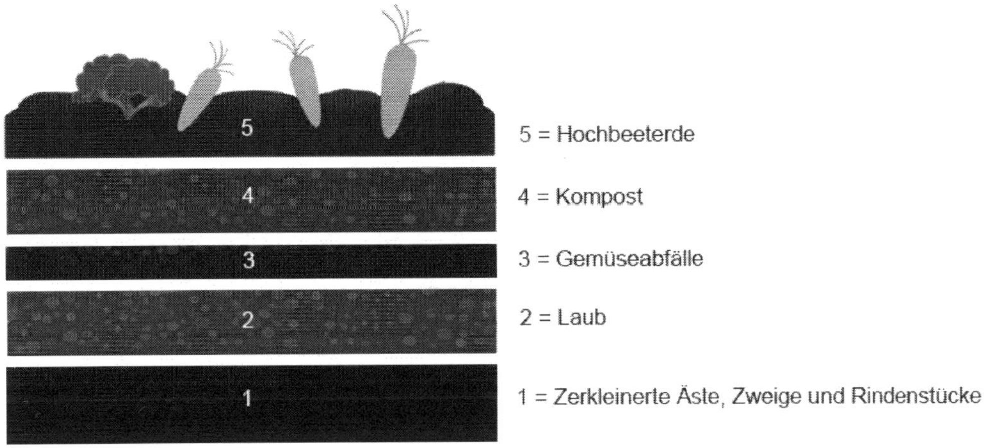

Sie müssen Ihr Hochbeet nicht am Stück befüllen, Sie haben den ganzen Winter Zeit. Es genügt, wenn Sie im Herbst die groben Bestandteile einfüllen. Dazu das Laub, das Sie jetzt zusammenharken. Die Gemüseabfälle können Sie den ganzen Winter im Hochbeet entsorgen. Das hat einen entscheidenden Vorteil. Füllen Sie das Material nach und nach ein, beginnt die Zersetzung langsam, die Bestandteile setzen sich allmählich. Da Sie immer von oben nachfüllen, fällt das nicht auf. Kommt zum Schluss die Pflanzerde drauf, wird sie im Sommer nur noch wenig absacken.

Anders sieht es aus, wenn Sie das Beet im Herbst vollständig fertigmachen. Wundern Sie sich im Frühling nicht, wenn Ihr Hochbeet nur noch halb so hoch gefüllt ist. Ihre kleinen Helferlein haben ganze Arbeit geleistet. Das ist nicht schlimm, nur lästig. Füllen Sie einfach Erde oder Humus nach.

Etwas absacken wird Ihr Hochbeet immer. Das ist normal, weil der Zersetzungsprozess ständig weitergeht. Erst wenn kein Material zum Verrotten mehr da ist, hört er auf. Dann ist es Zeit, die alte Erde vollständig zu entfernen und neu zu beginnen.

Der Nährstoffgehalt und die Wärmeentwicklung sind im Hochbeet in den ersten Jahren hoch. Die Pflanzen entnehmen Nährstoffe, die durch die Zersetzung des eingebrachten organischen Materials ersetzt werden. Dieses Material, und damit der Nachschub, wird mit den Jahren weniger. Zu Beginn werden Sie stabile Stützstäbe für Ihre Tomatenpflanzen brauchen. So reichlich werden sie tragen. Nach zwei bis drei Jahren müssen Sie den Nährstoffverlust ausgleichen. Füllen Sie Ihr Hochbeet dann mit gutem Kompost oder Terra preta nach. Auch im Hochbeet sollten Sie den Boden nicht einseitig auslaugen. Hier gelten die gleichen Regeln für Fruchtwechsel und Mischkultur wie in Ihrem ganzen Permagarten.

Kapitel 4.3. So bauen Sie ein Hügelbeet

Die Arbeit, ein Hochbeet zu bauen, ist Ihnen zu viel oder nicht Ihr Ding? Dann versuchen Sie es doch mit einem Hügelbeet. Ein Hügelbeet bietet fast die gleichen Vorteile, es ist nährstoffreich, Sie verarbeiten organischen Abfall zu Kompost und Humus, Sie verbessern nachhaltig Ihren Boden und das Hügelbeet liefert Ihren Pflanzen Wärme.

Ein Hügelbeet ist ähnlich aufgebaut wie ein Hochbeet. Es fehlt nur der Rahmen drum herum. Das Hügelbeet wird nicht so hoch wie ein Hochbeet, es wird immer auf der Erde angelegt. Gepflasterte oder betonierte Untergründe sind nicht geeignet. Damit sich Ihre Pflanzen so richtig wohlfühlen, sollten Sie Ihr Hügelbeet in Nord-Süd-Richtung anlegen. Dann versorgt die Sonne Ihre Pflanzen den ganzen Tag mit ihren Strahlen.

Ganz ohne Arbeit geht es auch bei einem Hügelbeet nicht. Haben Sie sich für einen Standort entschieden, es kann ruhig eine Ecke mit schlechtem Boden sein, geht es los. Als Erstes muss die Grasnarbe entfernt werden. Damit Sie im Eifer des Gefechtes nicht den Überblick verlieren, können Sie sich die Fläche vorher abstecken. Die Grassoden (Grasbüschel) entfernen Sie am besten mit einer Grabegabel. Das richtet nicht so viel Schaden an wie ein Spaten. Die Grassoden nicht wegbringen, die brauchen Sie später noch, nur die Erde gut abschütteln.

In die flache Vertiefung, legen Sie nun Baumschnitt, genau wie im Hochbeet oder Kompost. Das Holz speichert viel Wasser und gibt dem ganzen Hügelbeet Halt. Auf dieses Holz schichten Sie Ihre vorhin ausgegrabenen Grassoden, mit der Grasseite nach unten. Dann verrottet das Gras, würden Sie es mit der grünen Seite nach oben aufschichten, würde es austreiben und durch die restlichen Schichten wachsen. Die nächsten Schichten wie gehabt, Laub, gemischt mit Dung und wenig Grasschnitt, dann Gemüseabfälle. Obenauf die Pflanzerde und schließlich die Pflanzen. Sie können die gesamte Fläche zum Bepflanzen nutzen. Beim Hochbeet haben Sie nur die obere Fläche, beim Hügelbeet können Sie auch die schrägen Seitenflächen nutzen. Im ersten Jahr sind das auch hier Starkzehrer wie Tomaten, Melonen, Zucchini, dann Mittelzehrer wie Mangold oder Zwiebeln und nach 3 bis 4 Jahren Schwachzehrer, Rucola, Radieschen und Salat.

Noch ein kleiner Tipp: Arbeiten Sie oben auf dem Hügelbeet einen kleinen Graben ein. Falls es einmal notwendig sein sollte, dass Sie gießen müssen, gießen Sie in diesen Graben. So hält sich das Wasser länger auf dem Beet und läuft nicht gleich an den Seiten wieder herunter. Oder Sie graben Blumentöpfe ein, in die Sie das Wasser gießen.

Sie werden merken, dass Ihr Hügelbeet von Jahr zu Jahr flacher wird. Das ist wie beim Hochbeet normal, das organische Material wird zersetzt und in Kompost / Humus umgewandelt. Auch wenn der Hügel weg ist, der Humus bleibt, die vorher unfruchtbare Ecke hat sich in ein fruchtbares Stück Land verwandelt.

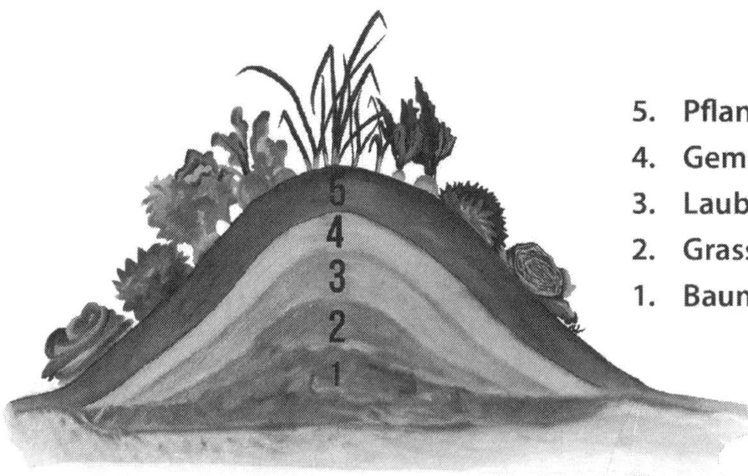

5. **Pflanzenerde**
4. **Gemüseabfälle**
3. **Laub, Dung, Grass-Schnitt**
2. **Grassoden**
1. **Baumschnitt**

Kapitel 4.4. Was gibt es zu beachten?

Die ersten Beete sind abgeerntet, was ist zu tun? Ganz einfach: Nutzen Sie den Platz für Folgeaussaaten oder Gründüngung mit Phacelia oder Lupine.

Buschbohnen, Salate, Radieschen oder Erbsen sind Kandidaten für eine zweite Ernte. Frühe Kohlrabipflanzen, das sind die mit kurzer Vegetationszeit, finden überall noch ein Plätzchen. Ab August lohnen sich Aussaaten im Freiland meistens nicht mehr, es sei denn, Sie haben Freude am Experimentieren. Anfang August gesäte Buschbohnen oder Erbsen bringen bei einem schönen Herbst noch im Oktober gute Ernten. Selbst wenn die Ernte der Kälte zum Opfer fällt, Ihr Boden freut sich auf jeden Fall über den zusätzlichen Stickstoff.

Wenn Sie eine leere Ecke in einem Ihrer Gemüsebeete entdecken, greifen Sie nicht gleich zur erstbesten Samentüte. Fruchtfolge und Mischanbau sollten Sie als Permagärtner immer im Hinterkopf haben.

Fruchtfolge

In Ihrem Garten finden Sie Gemüsearten, die viele Nährstoffe brauchen (Starkzehrer), solche, die einen durchschnittlichen Nährstoffverbrauch haben (Mittelzehrer), und Schwachzehrer mit geringem Nährstoffverbrauch. Starkzehrer sind Tomaten, Kohl, Kartoffeln, Zucchini und Gurken. Zu den Mittelzehrern gehören Paprika, Salat, Spinat, Radieschen und Kohlrabi. Bohnen, Erbsen und Rote Bete gehören zu den Schwachzehrern. Starkzehrer nach Starkzehrern anzubauen ist generell möglich, ergibt allerdings wenig Sinn. Sie haben einen erheblichen Mehraufwand, weil die Starkzehrer der ersten Generation dem Boden viele Nährstoffe entzogen haben. Für die Starkzehrer der zweiten Generation müssen Sie diese Nährstoffe wieder verfügbar machen. Das bedeutet, Humus oder Terra preta einbringen, mit Pflanzenjauche gießen oder Stalldung einarbeiten. Für Mittel- oder Schwachzehrer würden die Nährstoffe ausreichen, das lästige Schleppen entfällt. Starkzehrer, Mittelzehrer, Schwachzehrer, dann wieder ein Starkzehrer, diesen Kreislauf sollten Sie vor Ihrem inneren Auge haben.

Die Praxis könnte so aussehen: Im 1. Jahr Kartoffeln, im 2. Jahr Rote Bete, im 3. Jahr eine Hülsenfrucht (Erbsen oder Bohnen), dann wachsen im 4. Jahr auf dem Beet wunderbare Tomaten. Erbsen und Bohnen sind Leguminosen, an ihre Wurzeln lagern sich Knöllchenbakterien an. Diese Bakterien sind so nett, Stickstoff an den Boden zu binden und für andere Pflanzen zur Verfügung zu stellen. Als Dank sollten Sie Erbsen- und Bohnenpflanzen nach der Ernte stehen lassen. Sind sie dann irgendwann vertrocknet, schneiden Sie die oberirdischen Teile ab, die Wurzeln lassen Sie im Boden.

Mischkultur

Ihr Permagarten soll so bunt aussehen wie Ihr Leben? Dann bepflanzen Sie Ihre Beete mit Mischkulturen. Hier gibt es kein Erbsenbeet, Gurkenbeet usw., bei der Mischkultur wachsen mehrere Gemüsearten auf einem Beet. Das bringt einige Vorteile. Starkzehrer und Schwachzehrer stehen nebeneinander, der Boden wird nicht einseitig ausgelaugt. Schädlinge können in einem gemischten Beet nicht so recht Fuß fassen, sie finden ihre Wirtspflanzen nicht oder mögen die Nachbarschaft nicht. Die Pflanzen ergänzen und unterstützen sich teilweise untereinander. Das tun nicht alle Pflanzen, auch bei ihnen gibt es gute Freunde und hilfsbereite Nachbarn und solche, die sich nicht ausstehen können.

Liste der guten und schlechten Nachbarn:

Name	Gute Nachbarn	Schlechte Nachbarn
Bohnen	Bohnenkraut, Mischkultur mit Mais, Stangenbohnen und Kürbis	Zwiebeln, Fenchel
Blumenkohl, Brokkoli, Romanesco	Buschbohnen, Erbsen, Spinat, Rote Bete, Sellerie,	Kartoffeln, Knoblauch, Kohl, Rhabarber, Zwiebeln, Porree
Chili	Tomaten, Gurken, Möhren, Kohl	Rote Bete, Fenchel, Erbsen
Kartoffeln	Kohlrabi, Dicke Bohnen, Kohl, Mais, Spinat	
Knollenfenchel	Blumenkohl, Radieschen, Salat	
Kohl	Gurken, Erbsen, Buschbohnen	
Kohlrabi	Erbsen, Bohnen, Kartoffeln, Salat, Tomaten, Rote Bete, Sellerie, Spinat	
Kürbis	Mais, Sonnenblumen, Bohnen, Erbsen	Kartoffeln
Mais	Bohnen, Erbsen	
Mangold	Bohnen, Erbsen, Dill, Fenchel, Salat, Rote Bete, Zwiebeln, Sellerie,	Tomate, Kartoffeln, Rettich, Radieschen
Paprika	Tomaten, Gurken, Möhren, Kohl,	Rote Bete, Fenchel, Erbsen

Porree / Lauch	Kohl, Möhren, Sellerie, Kohlrabi,	Bohnen, Erbsen, Rote Bete
Pastinaken	Möhren, Erbsen, Zwiebeln, Dill, Rote Bete, Ringelblumen, Mais, Salat	
Radieschen	Erbsen, Bohnen, Kohl, Salat, Möhren	
Rote Bete	Knoblauch, Kohl, Gurken, Koriander, Dill,	Kartoffeln, Spinat, Mais
Salat	Erbsen, Bohnen, Erdbeeren, Kohl, Gurken, Möhren, Radieschen, Rote Bete, Tomaten, Zwiebeln,	Sellerie
Schwarzwurzeln	Bohnenkraut, Erdbeeren, Gurken, Kartoffeln, Kohlrabi, Salat, Kohl, Mangold, Sellerie, Tomaten	Fenchel, Erbsen, Porree, Zwiebeln
Sellerie	Bohnen, Spinat, Gurken, Kohl, Kohlrabi, Porree, Tomaten	
Spinat	Gurken, Kohlrabi, Kohl, Kartoffeln, Bohnen, Tomaten,	Rote Bete
Tomate	Kohlrabi, Kohl, Salat, Knoblauch, Brennnessel	Gurke, Fenchel, Kartoffeln
Zwiebeln	Möhren, Rote Bete, Bohnenkraut, Erdbeeren, Salat,	Erbsen, Bohnen, Kohl

Kapitel 5. Obst anbauen

Obstbäume sind ein wichtiger Bestandteil jedes Permagartens. Selbst als Balkongärtner müssen Sie nicht auf eigenes Obst verzichten. Säulenobstbäume und Zwergbäume wachsen wunderbar in Kübeln und brauchen nicht viel Platz. Vielleicht denken Sie über einen Zwergobstbaum am Spalier nach? Er könnte im Sommer einen wirkungsvollen Sichtschutz abgeben und würde im Winter die dann begehrte Sonne durch die kahlen Äste scheinen lassen. Spalierobst ist eine interessante Alternative für kleine Gärten, wo für große Bäume kein Platz ist. Vor allem, wenn Sie gern Obst essen oder ein Liebhaber von Apfel- oder Pflaumenkuchen sind. Die Methode ist leider etwas aufwendig. Ein Spalier besteht aus mehreren Drähten, die zwischen zwei oder mehreren Pfosten gespannt sind. An diese Drähte werden die Äste gebunden, Sie haben im Prinzip einen Baum in 2D. Die Bäume müssen oft beschnitten, die Triebe und neuen Äste in die richtige Richtung gelenkt und befestigt werden. Im Gegenzug nimmt Spalierobst nicht viel Platz weg. Wärmeliebende Pfirsiche oder Aprikosen fühlen sich am Spalier an der Südwand Ihres Hauses wohl.

Weiter geht es mit Buschbäumen. Sie werden nicht sehr hoch (ca. 1,50 bis 2 m), dafür wird die Krone relativ breit und reicht bis auf die Erde, Unterpflanzungen sind also nicht möglich. Als Ausgleich haben Sie es bei der Ernte leichter, Sie müssen nicht in schwindelerregende Höhen klettern. Der Nachteil an Buschbäumen ist, dass ihre Wurzeln nicht weiter nach unten wachsen als ihre Äste nach oben. Das bedeutet, sie müssen in 2 Metern Tiefe genug Wasser finden. Ist Ihr Garten feucht genug, eine prima Sache, haben Sie trockenen Sandboden, wird der Ertrag nicht besonders hoch ausfallen bzw. die Bäumchen mickern vor sich hin.

In dem Fall sind Sie mit Halbstammbäumen besser beraten. Mit dem längeren Stamm schaffen sie Höhen von 3 bis 5 Metern, je nachdem wie frohwüchsig Ihr Baum ist und auf welcher Unterlage er veredelt wurde.

Hochstammbäume sind nur etwas für große Gärten. Sie brauchen zwar zum Ernten eine Leiter, dafür können unter dem breiten Blätterdach Gemüsepflanzen oder Kräuter wachsen. Beliebt bei allen Obstbäumen, vor allem bei Apfelbäumen, sind Bohnen und Erbsen.

Obstbäume pflanzen

Zuerst heben Sie das Pflanzloch aus. Es muss doppelt so groß sein wie der Wurzelballen des Baumes. Sie helfen den Wurzeln, wenn Sie den Boden des Loches mit einer Grabegabel zusätzlich auflockern. Als Starthilfe geben Sie Humus oder Terra preta in das Pflanzloch, darauf kommt eine Schicht normale Erde. Der Stoffwechsel Ihres Bäumchens läuft bei der Pflanzung auf Sparflamme. Er muss erst den Stress von ausgegraben, verpackt und verschickt werden überwinden. Dazu müssen sich noch neue Wurzeln bilden, die Wasser und Nährstoffe finden und den Baum im Boden verankern. Würden die Wurzeln sofort nährstoffreiche Erde vorfinden, wozu sollten sie sich dann bemühen und weiterwachsen? Jetzt kommt der etwas knifflige Teil. Sie wollen Ihren Baum sicher so gerade wie möglich stehen haben. Allein ist man da schnell überfordert, eine Hilfsperson muss her. Während die Hilfsperson den Baum probehalber in das Loch hält, setzen Sie den Pflanzpfahl ca. 10 cm vom Stamm entfernt in die Erde. Außer dass Ihr Baum gerade steht, achten Sie darauf, dass die Veredlungsstelle eine Handbreit über dem Boden ist. Die Veredlungsstelle erkennen Sie leicht, das ist die knubblige Verdickung unten am Stamm. Wird sie mit Erde bedeckt, ergreift die Unterlage ihre Chance und treibt fleißig aus. Die Wurzel würde die Nährstoffe nur in ihre hauseigenen Triebe, die der Unterlage, schicken, Ihr Obstbaum würde leer ausgehen und mickern. Ist alles perfekt, füllen Sie Erde auf und treten sie fest. Der Boden im Pflanzloch sollte 3 bis 5 cm tiefer liegen als die Umgebung, dann läuft das Gießwasser nicht gleich wieder ab. Angießen ist auch hier wichtig, 20 bis 30 Liter pro Baum sollten Sie einplanen. Vorher binden Sie Ihr Bäumchen mit einem stabilen Strick fest. Schlingen Sie den Strick mehrmals in Achten um den Baum und den Pfahl.

Damit der Abstand stabil gehalten wird, wird der restliche Strick um das Mittelstück geschlungen und festgeknotet. Ihrem Baum zuliebe schlingen Sie den Strick nicht zu fest um den Stamm, er darf den Wasser- und Nährstofftransport nicht unterbrechen.

Die beste Pflanzzeit ist der Herbst, dann ist die Sommerhitze vorbei und bis zum Winter hat der Jungbaum genug Zeit zum Anwachsen.

Beerensträucher pflanzen

Wollen Sie Beerensträucher pflanzen gehen Sie genauso vor wie beim Bäume pflanzen. Beerensträucher brauchen nicht festgebunden zu werden, außer Hochstämmchen. Bei ihnen ist ein Stützpfahl notwendig.

Wildobsthecke pflanzen

Damit Ihre Hecke schön dicht wird, wechseln Sie hochwachsende Arten mit kleiner bleibenden Sträuchern ab. In eine Wildobsthecke gehören Holunder, Hagebutte (Hunds- oder Kartoffelrosen), Sanddorn, Brombeere, Kornelkirsche, Felsenbirne, Haselnuss, Schlehe oder Kirschpflaume.

Weißdorn ist keine gute Idee, wenn Apfelbäume in der Nähe stehen. Der Weißdorn scheidet eine Substanz aus, die sich ungünstig auf Apfelbäume auswirkt.

Kapitel 5.1. Obstsorten

Apfel:

Erntezeit -> August bis Oktober, je nach Sorte,

Besonderheiten: Starkzehrer, an jeden Boden anpassungsfähig, viele verschiedene Sorten, teilweise unterscheidet sich der Erntezeitpunkt von der Genussreife, d. h. manche Sorten müssen erst gelagert werden, damit sie ihren vollen Geschmack entwickeln, vielfältige

Verwendungsmöglichkeiten: Frischverzehr, Lagerobst, Backen, Apfelmus, Mostbereitung, Weinherstellung, Trocknen, Einkochen

Birne:

Erntezeit -> August bis Oktober, je nach Sorte,

Besonderheiten: nicht für kalkhaltige Böden geeignet, teilweise unterscheidet sich der Erntezeitpunkt von der Genussreife, viele Sorten eignen sich nur für den sofortigen Verbrauch als Snack oder in der Küche für Marmeladen, Säfte, zum Backen, Einkochen oder Trocknen. Einige Sorten Williams Christ, Köstliche aus Charneux, Condo können 4 bis 6 Wochen gelagert werden.

Pflaume / Mirabelle / Reneklode:

Erntezeit -> Mitte August bis September, je nach Sorte,

Besonderheiten: hoher Nährstoffbedarf, ansonsten anspruchslos, Am süßesten schmecken Pflaumen, wenn die Frucht um den Stiel herum anfängt einzutrocknen und zu verschrumpeln. Frischverzehr, zum Backen (Wer kann einem frischen Pflaumenkuchen wiederstehen?), als Pflaumenmus, Marmelade, zum Einkochen, Einfrieren und Trocknen

Quitte:

Erntezeit -> September bis Oktober, wenn die Früchte gelb werden und ihren Flaum verlieren,

Besonderheiten: ist selbstfruchtbar, mag keinen kalkhaltigen Boden, sonst anspruchslos, enthält viel Pektin, daher besonders zur Zubereitung von Marmeladen ohne Gelierzucker geeignet, ansonsten weiterverarbeiten zu Saft, Wein oder trocknen, ca. 4 Wochen lagerfähig

Nüsse:

Erntezeit -> September bis Oktober,
Besonderheiten: nährstoffreicher, lehmiger Boden, für Walnüsse kalkhaltig, für Haselnüsse kalkarm, Walnüsse mögen keine Unterpflanzungen, Nüsse sind sehr fetthaltig und damit gute Energielieferanten, lange lagerfähig, Walnüsse müssen nicht mühsam gepflückt werden, warten Sie einfach, bis sie herunterfallen.

Süßkirschen:

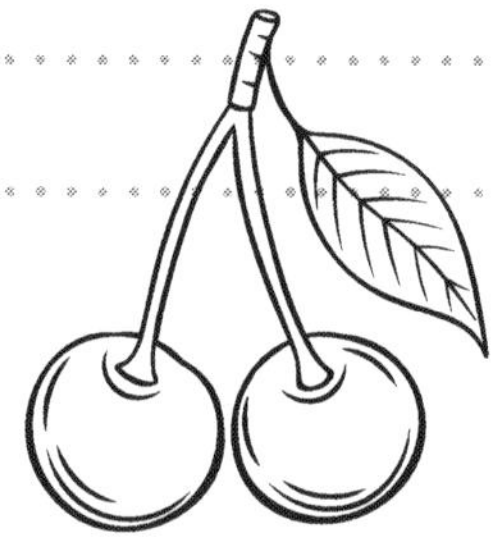

Erntezeit -> Ende Mai bis Ende Juli,
Besonderheiten: heller, sonniger Standort, weit ausladende Krone und Wurzel, steht gern allein, beliebt bei Vögeln, Bienen und Menschen, Frischverzehr, Marmelade, Einkochen, Einfrieren

Sauerkirschen:

Erntezeit -> Juli bis August,
Besonderheiten: nährstoffreicher, feuchter Boden, anspruchslos, Früchte für den Frischverzehr, zum Einkochen, Einfrieren, für Saft und Marmelade

Pfirsich / Aprikose:

Erntezeit -> Ende Juli bis Anfang September,
Besonderheiten: Blüten sind empfindlich gegen Spätfröste, werden häufig von Pilzkrankheiten befallen, humoser Boden, sonniger, geschützter Standort, ideal als Spalierobst an einer Südwand, Frischverzehr, für Marmeladen, zum Backen, Einkochen, Einfrieren, Trocknen

Johannisbeere, Stachelbeere, Josta- / Jochelbeere:

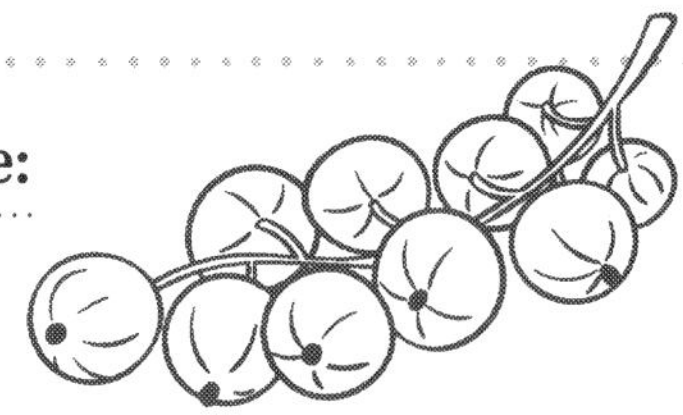

Erntezeit -> Juli bis August,
Besonderheiten: nährstoffreicher Boden, für Schatten geeignet, Frischverzehr, zum Backen, für Marmelade, Säfte und Likör, Einkochen, Einfrieren und Trocknen, die Blätter der Schwarzen Johannisbeere eignen sich getrocknet als Tee

Himbeere:

Erntezeit -> August bis September,
Besonderheiten: windgeschützter Standort, hoher Vitamin C-Gehalt, Frischverzehr, für Marmelade, Säfte, Himbeergeist, zum Backen, Einkochen, Einfrieren, Trocknen, die Blätter eignen sich getrocknet als Tee

Brombeeren:

Erntezeit -> August bis September,

Besonderheiten: Kulturformen sind dornenlos, anspruchslos, Beeren nicht gleich ernten, wenn sie schwarz sind, richtig reif sind sie erst ein paar Tage später, wenn sie leicht abfallen. Frischverzehr, für Marmelade, Saft, Likör, zum Einkochen, Einfrieren, Trocknen, Blätter getrocknet als Tee

Blaubeeren:

Erntezeit -> Juli bis August,

Besonderheiten: sonniger Standort, mooriger Boden mit einem pH-Wert unter 5, Die Kultursorten haben eine blaue Haut und weißes Fruchtfleisch, relativ hoher Wasserbedarf, keine Staunässe, Frischverzehr, für Marmelade, Saft, Likör, Wein, zum Einkochen, Einfrieren, Trocknen

Kamtschatkabeere / Maibeere:

Erntezeit -> Mai bis Juni,

Besonderheiten: braucht eine zweite Sorte zur Befruchtung, anspruchslos, unempfindlich für Spätfröste, Hummelweide, Frischverzehr, für Marmelade, Saft, zum Einkochen, Einfrieren, Trocknen

Maulbeere:

Erntezeit -> Juni bis September,

Besonderheiten: humoser, kalkhaltiger Boden, anspruchslos, süß / herber Geschmack, Weiße Maulbeeren schmecken fade, sie werden in China angebaut, ihre Blätter dienen als Futter für Seidenraupen. Die Früchte wachsen und reifen den ganzen Sommer immer wieder nach. Frischverzehr, für Marmelade und Saft.

Kornelkirsche:

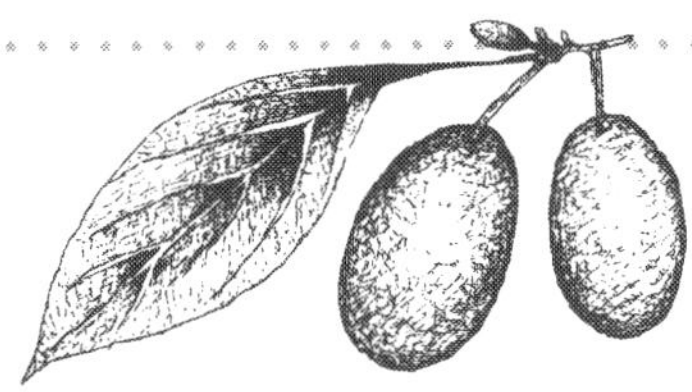

Erntezeit -> August bis Oktober,

Besonderheiten: robust und anspruchslos, frühe Bienenweide (blüht noch vor der Forsythie), rote Sorten sind roh ungenießbar, schwarze Kornelkirschen schmecken wie Schattenmorellen. hoher Vitamin C-Gehalt, Marmelade, Saft, Likör, Wein, Ernte und Auslösen der Steine ist sehr aufwendig, als kleine Hilfe kochen Sie die ganzen Kornelkirschen und streichen die Masse anschließend durch ein Sieb.

Felsenbirne:

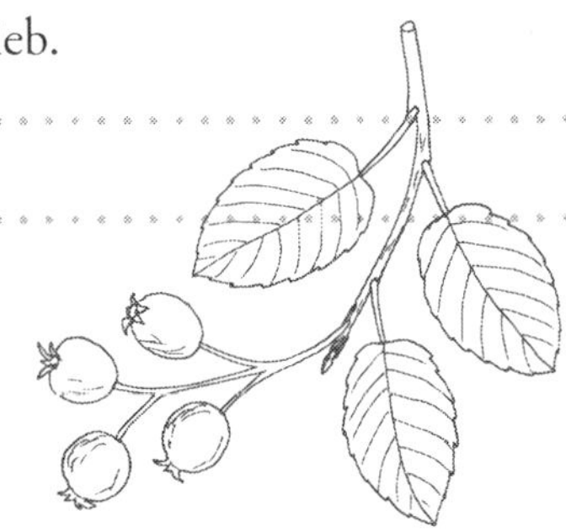

Erntezeit -> Juli,

Besonderheiten: intensive, charakteristische Herbstfärbung, sandig-lehmiger Boden, anspruchslos, süß / säuerlicher Geschmack, Frischverzehr, Einfrieren, Trocknen

Erdbeere:

Erntezeit -> Ende Mai bis Juli, Monatserdbeeren bis Oktober

Besonderheiten: Das Fruchtfleisch, das alle lieben, ist eigentlich nicht die Frucht, das sind die kleinen unscheinbaren Körner auf der Erdbeere. Jedes dieser Körnchen, die manchmal unangenehm zwischen den Zähnen steckenbleiben, ist eine kleine Nuss. In Erdbeeren steckt mehr Vitamin C als in Zitronen oder Orangen. einmaltragende und zweimaltragende Sorten, sonniger Standort, humusreicher Boden, Jungpflanzen nicht zu tief setzen, das Herz muss herausschauen, Frischverzehr, Marmeladen, Säfte, zum Backen, Einkochen, Einfrieren, Trocknen

Kiwi:

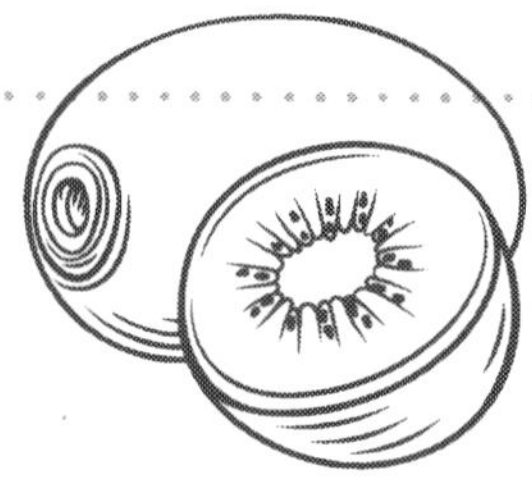

Erntezeit -> Oktober,

Besonderheiten: Manche Kiwis sind zweihäusig, dann brauchen Sie eine männliche und eine weibliche Pflanze. Rankgerüst / Kletterhilfe notwendig, Idealer Standort ist die Südseite eines Gebäudes. humoser, tiefgründiger Boden, Frischverzehr, für Marmelade und Likör, Trocknen, Warten Sie mit dem Verarbeiten, bis die Früchte gut reif sind, dann lösen sie sich fast von selbst aus der Schale. Lagerfähig bis Januar

Weinrebe:

Erntezeit -> August bis Oktober

Besonderheiten: geschützter, sonniger Standort (Südwand), Rankhilfe notwendig, kalkarmer Boden, aufwendige Pflege, häufiger Rückschnitt notwendig, Frischverzehr, Saft, Wein, Trocknen (Rosinen)

Kapitel 5.2. Was gibt es zu beachten?

Auch Obstbäume haben eine Individualdistanz, besser gesagt einen Pflanzenabstand, den Sie einhalten sollten. Das sind bei Buschbäumen 2 bis 3 Meter, bei Halbstämmen 4 bis 5 Meter und bei Hochstämmen 10 Meter.

Beerensträucher brauchen 1 bis 2 Meter Freiraum, dann können die Sonnenstrahlen ungehindert alle Triebe erreichen und Sie haben genug Platz zum Ernten. Es gibt nichts Schlimmeres als wenn man beim Pflücken der Johannisbeeren ständig die Pikser vom Stachelbeerstrauch im Rücken hat.

Himbeeren wachsen am besten in Reihen, bei einem Reihenabstand von 1,20 bis 1,50 Metern und einem Pflanzenabstand von ca. 40 cm. Brombeeren finden einen Abstand von 3 bis 4 Metern zum Nachbarn gut. Him- und Brombeeren brauchen eine Hilfe, damit sie der Wind nicht umknicken kann. Ein gespannter Draht leistet hier gute Dienste. Binden Sie die Ruten locker fest, im Laufe des Sommers werden die Triebe dicker. Diese beiden Beerenarten tragen nur an einjährigen Ruten. Das bedeutet, an den Trieben, die im ersten Sommer aus der Erde auftauchen und hochwachsen, wachsen im nächsten Jahr Früchte. Nur im nächsten Jahr, danach nicht mehr, die Triebe vertrocknen. Das sieht im folgenden Sommer nicht schön aus und außerdem machen die alten Ruten den neu aufwachsenden Trieben den Platz streitig. Sind alle Beeren geerntet, schneiden Sie diese Triebe kurz über dem Boden ab.

Der Platz unter Obstbäumen ist nicht verloren, Sie können dort weiterhin Gemüse oder Kräuter anbauen. Nur auf Starkzehrer sollten Sie verzichten, sie stellen eine Nahrungskonkurrenz für die Bäume dar. Sehr gern haben Obstbäume die Gesellschaft von Kapuzinerkresse, Besenginster, Spinat (indischer Spinat), Winterheckenzwiebel, Erdbeeren (Walderdbeeren), Klee, Erbsen, Stangenbohnen, Buschwindröschen oder Ringelblumen. Die Kamtschatkabeere oder Maibeere ist vernarrt in den Duft von Maiglöckchen und trägt wesentlich mehr Beeren, wenn die lieblich duftenden Blumen in ihrer Nähe stehen. Obstbäume brauchen die Gesellschaft von Artgenossen zur erfolgreichen Bestäubung. Ein anderer Apfelbaum, der ein paar Gärten weiter steht, genügt meistens schon. Falls in Ihrer Nachbarschaft nichts zu finden ist, bitten Sie einen Apfelbaumbesitzer von weiter weg um ein paar blühende Zweige. Die stellen Sie in einem Eimer Wasser unter Ihren ebenfalls blühenden Baum. Die Blütezeit der Zweige reicht schon aus, damit die Bienen sich an die Arbeit machen.

Gute Bestäubersorten (Pollenspender) beim Apfel: Ontario, Roter Boskoop, Goldparmäne, Klarapfel, Hasenkopf/Finkenwerder Herbstprinz, Discovery, Reglindis, Rubinola, Pinova, Pilot, Braeburn.

Bestäubersorten bei Birnen: Williams Christ, Gellerts Butterbirne, Köstliche aus Charneux.
Bestäubersorten bei Süßkirschen: Hedelfinger Riesenkirsche, Schneiders Späte Knorpelkirsche, Lapins. Die Sorten Lapins und Sunburst sind selbstbefruchtend.
Bestäubersorten bei Sauerkirschen: Schattenmorelle, Saphir, Morellenfeuer. Sauerkirschen sind fast alle selbstbefruchtend, es ist trotzdem besser, wenn eine Bestäubersorte in der Nähe wächst. Süßkirschen und Sauerkirschen können sich gegenseitig befruchten.
Alle Pflaumen befruchten sich gegenseitig.

Sie haben in Ihrem eben übernommenen Garten einen alten Obstbaum, der nicht mehr tragen will? Er hat knorrige Äste, ist von Moos überwuchert? Ihr Nachbar rät Ihnen, der taugt nur noch zu Brennholz? Glauben Sie ihm nicht, geben Sie dem alten Gesellen eine zweite Chance. Die Baumscheibe ist in solchen Fällen fast immer mit allen möglichen Gewächsen überwuchert, die Sie entfernen. Fast von selbst geht das, wenn Sie Pappe auslegen und Humus aufbringen, wie im Abschnitt Beete anlegen beschrieben. Entfernen Sie vorsichtig mit einer Drahtbürste das Moos und die Flechten, ohne die Rinde zu beschädigen. Weiter hilft ein Rückschnitt unter sachkundiger Anleitung. So ein alter Baum ist da sehr empfindlich. Ob Sie einen größeren Totholzast entfernen oder am

Baum belassen, liegt in Ihrem Ermessen. Bleibt er dran, bietet er Wildbienen und anderen Insekten willkommenen Wohnraum. Durch auf die Baumscheibe gepflanzte Kräuter, wie Oregano, Salbei, Lavendel oder Ringelblumen und Echinacea gelangen unterstützende Wirkstoffe in den Boden und die Luft, die den Baum unterstützen und verjüngen. Ein Apfelbaum kann 100 Jahre alt werden und dabei Früchte tragen. Sie sitzen in seinem Schatten, für Ihre Kinder oder Enkel findet sich sicher ein starker Ast, an dem Sie eine Schaukel befestigen können.

Kapitel 6. Kräuter anbauen

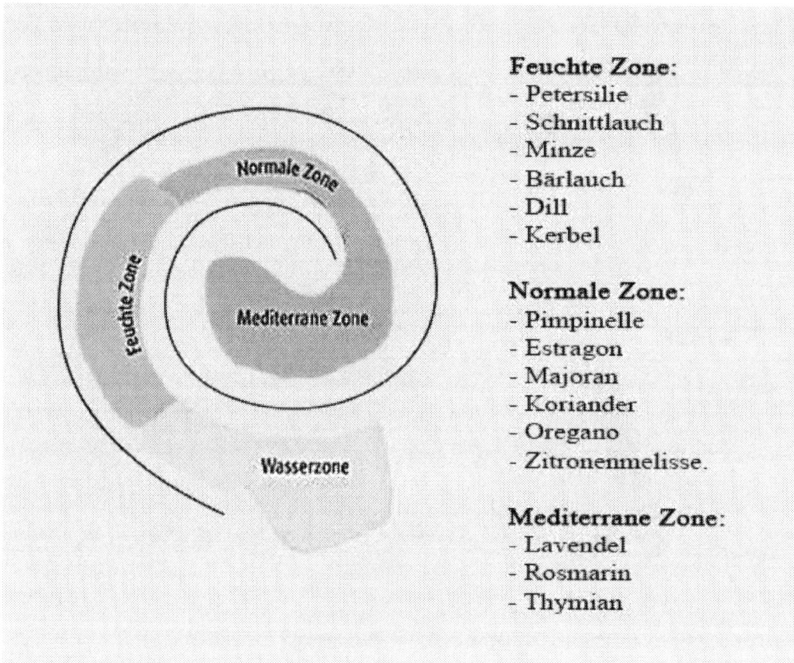

Was gibt es Schöneres als mit frischen Kräutern aus dem eigenen Garten zu kochen? Kräuter anbauen ist leicht, die meisten von ihnen sind robust und anspruchslos.

6.1. Kräuterspirale

Damit Sie für jedes Ihrer Kräutlein den richtigen Platz finden, bietet sich eine Kräuterspirale, manchmal auch Kräuterschnecke genannt, an. Hier haben Sie alle Kräuter, die Sie brauchen, auf engstem Raum zur Hand. Und das Beste ist, eine Kräuterspirale bietet verschiedene Zonen für verschiedene Lebensbedürfnisse. Für jeden Schützling findet sich ein Platz mit optimalen Wachstumsbedingungen. Am Fuß haben Sie die Wasserzone, dann kommt eine Feuchtzone, gefolgt von der Normalzone und der Mittelmeerzone.

Bevor Sie jetzt losgehen um Liegestuhl und Sonnenschirm zu holen, die Mittelmeerzone ist für Lavendel, Salbei und Thymian reserviert.

Eine Kräuterspirale sieht ein bisschen wie ein Turm aus, um den sich eine Wendeltreppe windet. Die Plattform auf der Turmspitze liegt den ganzen Tag in der Sonne. Hier ist es am wärmsten, allerdings auch am trockensten. Am Fuß der Spirale soll es feucht sein, hierher gehört ein kleiner Teich. Es genügt schon, wenn Sie einen Baukübel eingraben, ihn halb mit Sand füllen und mit Steinen dekorieren.

Am natürlichsten ist es, wenn Sie Ihre Kräuterspirale aus großen Steinen bauen. Sind Ihre Steine flach und kantig, schichten Sie sie einfach übereinander, wie bei einer Trockenmauer. Bei runden Steinen klappt das nicht ganz so einfach. Ein wenig Mörtel hilft Ihnen dabei, sie zu überzeugen, an Ort und Stelle zu bleiben. Alte Ziegelsteine, die irgendwo herumliegen, machen sich ebenfalls gut. Sie brauchen zwei Mauern, die sich spiralförmig um das Mittelteil in die Höhe winden. Als Abstand zwischen den Mauern haben sich 60 cm bewährt.

Für das Fundament markieren Sie sich einen Kreis mit maximal 3 m Durchmesser. In diesem Kreis heben Sie ca. 20 cm Boden aus, vergessen Sie nicht, an der Südkante Ihren Miniteich einzugraben. Ihr mühsam gegrabenes Loch füllen Sie mit Schotter oder Bauschutt auf. Jetzt haben Sie eine gute Grundlage, um die Mauern aufzubauen. Am einfachsten geht es, wenn Sie sich den Mauerverlauf mit Stäben und einer Schnur markieren. Das Mittelteil wird mit Schotter aufgefüllt. Kleiner Tipp: Füllen Sie den Schotter immer laufend auf, so stützt er Ihre innere Mauer. Legen Sie Reihe für Reihe die Steine aufeinander. Ihre Kräuterspirale sollte am Ende ca. 80 bis 100 cm hoch sein. Alternativ bietet der Handel Gabionen (Steinkörbe), speziell zum Bauen von Kräuterspiralen an.

Lose aufeinander geschichtete Steine bieten zwei Vorteile. Es können in den Spalten und Ritzen Insekten Unterschlupf finden oder Sie bepflanzen die Außenwände mit Dachwurz, kriechendem Thymian und Tripmadam.

Sie können die Wände auch aus Holz vom letzten Baumschnitt flechten. Das wirkt naturnah, hat nur einen Nachteil. Sie müssen die Prozedur in ein paar Jahren, wenn das Holz verrottet ist, wiederholen. Den Raum zwischen den Mauern füllen Sie so viel mit Schutt auf, dass Sie später noch 30 cm Erde auffüllen können.

Gestalten Sie den Übergang zwischen Teich und Eingang zur Kräuterspirale fließend. Dazu können Sie Steine nutzen, zwischen die Sie Gartenerde füllen. Dieser Bereich nennt sich Wasserzone. Der Boden sollte nicht zu nährstoffreich, dafür immer feucht sein. Die Steine sind willkommene Trinkstellen für Vögel und Insekten. Hier, direkt am oder im Wasser, fühlen sich Wasserminze, Blutampfer oder Brunnenkresse wohl.

Für die nächste Zone, die Feuchtzone, mischen Sie Kompost unter die Erde. Hier können Petersilie, Schnittlauch, Minze, Bärlauch, Dill und Kerbel einziehen. In den Boden für die anschließende Normalzone mischen Sie etwas weniger Kompost, dafür ca. 30 % Sand. Hier gedeihen Pimpinelle, Estragon, Majoran, Koriander, Oregano und Zitronenmelisse. In den Boden für die oberste Zone, besagte Mittelmeerzone, mischen Sie ca. 50 % Sand. Ihre Bewohner mögen es gern warm und trocken. Wie geschaffen für das Penthaus sind Lavendel, Rosmarin und Thymian.

Nun heißt es, ein paar Tage Geduld haben. Halten Sie den Boden bis zum Pflanzen schön feucht, dann wachsen Ihre Kräuter besser an. Es kann sein, dass sich der Boden in dieser Zeit setzt. Das ist nicht weiter schlimm, füllen Sie einfach welchen nach. Übrigens, die Übergänge zwischen den einzelnen Zonen können ruhig fließend sein, meistens schicken die Pflanzen ihre Wurzeln und Ausläufer eh dorthin, wo es ihnen am besten gefällt.
Ob Sie Ihre Kräuterspirale im Herbst oder im Frühling anlegen, ist egal. Ihre Größe ist variabel, sie sollte im Durchmesser nicht größer sein als 3 m. Sie lässt sich sonst schlecht bearbeiten. In eine kleine Kräuterspirale pflanzen Sie klein bleibende Arten und Sorten von Gewürzpflanzen. Ist Ihre Spirale großzügig angelegt, finden auch Heil- und Teekräuter noch Platz.

Hochwachsende Kräuter, die lange Wurzeln ausbilden, haben in einer Kräuterspirale nichts zu suchen. Dazu gehören Aland, Beinwell, Meerrettich und Liebstöckel. Wermut ist ein schlechter Nachbar, er braucht einen Platz abseits der anderen Kräuter. Seine Wurzelausscheidungen beeinträchtigen das Wachstum der Nachbarkräuter.

Kapitel 6.2. Kräutersorten

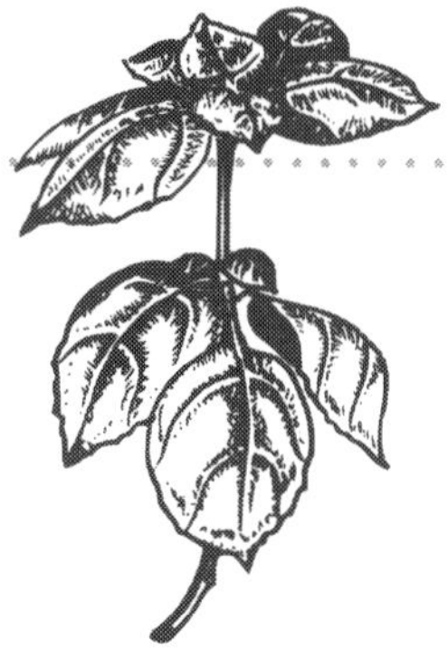

Basilikum:

Aussaat: Vorkultur März bis April, Auspflanzen ab Mai,

Erntezeit -> ab Mai,

Blütezeit: Juni bis September,

Besonderheiten: einjährig, wärmeliebend, sonniger Standort, nährstoffreicher Boden,

Verwendung: frisch als Gewürz für mediterrane Gerichte, passt gut zu Tomate und Mozzarella, Im Blumentopf wächst Basilikum den ganzen Winter auf der Fensterbank.

Bärlauch:

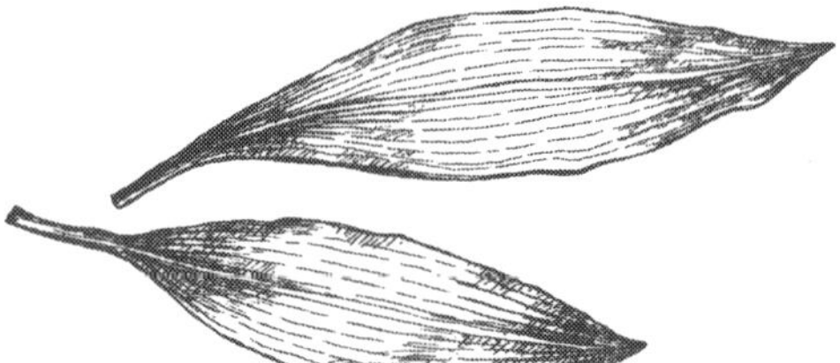

Pflanzzeit: September bis Oktober,

Blütezeit: April bis Mai,

Erntezeit -> März bis Juni,

Besonderheiten: Lauchgewächs, mehrjährig,

Vegetationsperiode: März bis Juni, **Höhe:** 20 bis 50 cm, nährstoffreicher, feuchter, kalkhaltiger Boden, halbschattiger bis schattiger Standort,

Verwendung: frisch aufs Butterbrot oder in Salate, Dips, Kräuterquark, als Gewürz, hilft bei Verdauungsstörungen, Bluthochdruck

Bohnenkraut:

Aussaat: April bis Mai, Lichtkeimer,

Pflanzenabstand 20 x 20 cm,

Blütezeit: Juni bis Oktober,

Erntezeit -> April bis Juni, bester Erntezeitpunkt ist kurz vor der Blüte,

Besonderheiten: Sommerbohnenkraut ist einjährig, Winterbohnenkraut ist zwei- oder mehrjährig,

Höhe: 55 bis 70 cm, trockener, sandiger, nährstoffarmer Boden, sonniger Standort,

Verwendung: als Gewürz frisch oder getrocknet für Bohnen, Kartoffeln, Erbsen, Linsen, Kräuterbutter, Kräuterquark, harmoniert mit Lavendel, Salbei und Oregano, hilft bei: Husten, Bronchitis, Durchfall,

Estragon:

Aussaat / Pflanzung: März bis April, Lichtkeimer,

Pflanzenabstand 50 x 50 cm,

Blütezeit: Mai bis Juni,

Erntezeit -> kurz vor der Blüte, nur die Blätter ernten,

Besonderheiten: mehrjährig, **Höhe:** bis 100 cm, feuchter, nährstoffreicher Boden, sonniger Standort, Vermehrung durch Teilen der Wurzel möglich, **Verwendung** frisch als Gewürz für Fleisch, Ei, Käse, in Soßen, Beim Trocknen verliert Estragon sein Aroma, einfrieren ist besser. harmonisiert mit Kerbel und Liebstöckel, wirkt leicht appetitanregend,

Dill:

Aussaat: April bis Mai,

Blütezeit: Juli bis August,

Erntezeit -> Juni bis September,

Besonderheiten: einjährig,

Höhe: 30 bis 70 cm, nährstoffreicher Boden, sonniger Standort, sollte regelmäßig gegossen werden,

Verwendung: frisch, getrocknet, tiefgekühlt als Gewürz für Fisch, Kartoffeln, Gurken, hilft bei Blähungen und Magenbeschwerden,

Kamille (Echte):

Aussaat: März bis Mai, Lichtkeimer,

Blütezeit: Mai bis Oktober,

Erntezeit -> Mai bis Oktober,

Besonderheiten: einjährig,

Höhe: 20 bis 60 cm, nährstoffreicher, lehmiger bis sandiger Boden, sonniger bis halbschattiger Standort, Kamille sät sich von selbst aus. Lassen Sie 2 bis 3 Blütenköpfchen an der Pflanze ausreifen, im nächsten Frühling sprießen die jungen Pflänzchen von allein.

Verwendung: frisch oder getrocknet als Tee, hilft bei Magen- und Darmbeschwerden, Erkältungen, Mund- und Rachenentzündungen, kann mit Falscher Kamille verwechselt werden.

Unterschied: Falsche Kamille wird bis 80 cm groß, Blüten bis 4 cm (Echte Kamille Blütengröße 2 cm), duftet nicht, Echte Kamille duftet, ja eben wie Kamille(ntee).

Kapuzinerkresse:

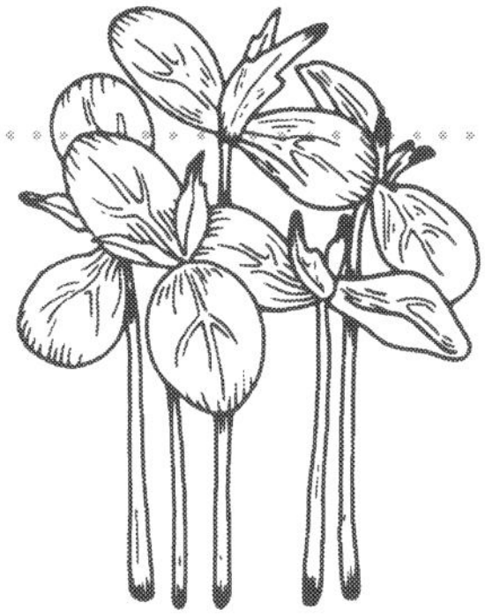

Aussaat: Vorziehen ab März, ab Mai ins Freiland,

Blütezeit: Mai bis Oktober,

Erntezeit -> Mai bis Oktober,

Besonderheiten: einjährig, bildet bis zu 3 m lange Ranken, nährstoffreicher, feuchter Boden, sonniger bis halbschattiger Standort,

Verwendung: frisch in Salaten, Kräuterquark, Blüten eignen sich als essbare Dekoration, Knospen werden als Kapernersatz verwendet, hilft bei grippalen Infekten, Bronchitis, Muskelschmerzen,

Kerbel:

Aussaat: März bis April, Lichtkeimer, Kaltkeimer,
das bedeutet, Kerbel brauch eine Kälteperiode
von 4 bis 5 Tagen bei Temperaturen um 10 Grad zum Keimen.

Pflanzenabstand 15 x 15 cm,

Blütezeit: Juni bis August,

Erntezeit -> Mai bis September,

Besonderheiten: einjährig,

Höhe: 25 bis 80 cm, humushaltiger, feuchter Boden, sonniger bis halbschattiger Standort, nach der Aussaat nicht mehr verpflanzen, Sobald die Blütentriebe erscheinen, sollten Sie sie entfernen, dann können Sie länger ernten.

Verwendung: frisch oder tiefgekühlt, Beim Trocknen verliert Kerbel sein Aroma. Würzkraut für Suppen und Soßen, Kräuterquark, Frischkäse, immer ganz zuletzt zugeben, nie mitkochen, wirkt vitalisierend und blutverdünnend,

Koriander:

Aussaat: März bis April zur Ernte der Früchte, April bis Mai zur Blatternte,
Blütezeit: Juni bis August,
Pflanzenabstand 25 x 25 cm,
Erntezeit -> Blätter vor oder nach der Blüte, Körner Ende August bis Anfang September,
Besonderheiten: einjährig,
Höhe: 30 bis 130 cm, nährstoffreicher, lockerer Boden, sonniger bis halbschattiger Standort,
Verwendung frisch oder tiefgekühlt, Gewürz für asiatische und arabische Gerichte, Brotgewürz, Korianderblätter immer erst zuletzt zugeben, nicht kochen. Die Samen können mitgekocht werden. Samen für Hähnchen, Wild, Rind, Bohnen, Chili, Curry, hilft bei Reizdarm, Rheuma, Schlaflosigkeit,

Kresse:

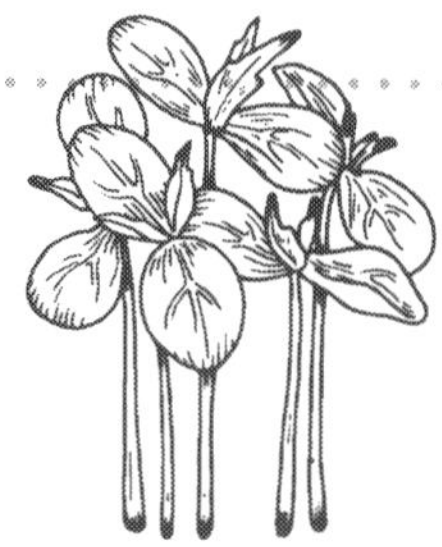

Aussaat: auf der Fensterbank das ganze Jahr, im Freiland ab April,
Erntezeit -> sowie sich die Blättchen zeigen,
Besonderheiten: anspruchslos, wächst auch auf feuchter Watte oder Papiertaschentüchern, bevorzugt Halbschatten,
Verwendung: frisch als Brotbelag, für Salate, Kräuterbutter, Kräuterquark, im Winter toller Vitamin C-Lieferant, kleiner Tipp: Säen Sie 5 bis 6 Tage vor Ostern in leeren Eierschalen Kresse aus. In die Eierschalen stopfen Sie nasse Watte oder Erde, obendrauf ein paar Kressesamen. Halten Sie alles gut feucht, dann haben Sie eine nette Osterdekoration oder ein kleines gesundes Mitbringsel. Wie wäre es, wenn Sie Ihrem Kresseköpfchen noch ein lustiges Gesicht verpassen?

Lavendel:

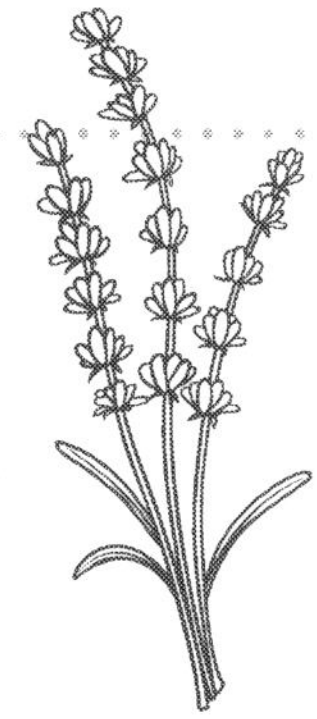

Aussaat: Vorkultur Februar bis März, Mitte Mai ins Freiland, Lichtkeimer,
Blütezeit: Mai bis September,
Erntezeit -> Juni bis September,
Besonderheiten: mehrjährig, **Höhe:** 40 bis 70 cm, trockener, sandiger, kalkhaltiger, nährstoffarmer Boden, sonniger Standort, **Verwendung**: Gewürz für Hähnchen, Fisch oder Lamm, in Kombination mit Rosmarin und Thymian, Blätter sparsam für Frischkäse, Ziegenkäse, Blüten als essbare Dekoration für Süßspeisen, Salate, Kuchen, lässt sich gut trocknen, hilft bei Depression, Stress, Schlaflosigkeit, Blähungen,

Minze:

Aussaat: Vorkultur ab Februar, ab Mai ins Freiland,
Blütezeit: Juni,
Erntezeit -> den ganzen Sommer, Aroma ist vor der Blüte am intensivsten, **Besonderheiten:** viele Sorten und Geschmacksrichtungen (Ananasminze, Pfefferminze, Zitronenminze ...), einjährig, nährstoffreicher, kalkhaltiger Boden, sonniger bis halbschattiger Standort,
Verwendung: frisch oder tiefgekühlt in Desserts, Getränken, Salaten, hilft bei Magen- und Darmbeschwerden, Völlegefühl, Husten und Schnupfen, Übrigens: Mücken hassen den Geruch von Zitronenminze, ein Topf im Schlafzimmer sorgt im Sommer für ungestörte Nächte.

Melisse:

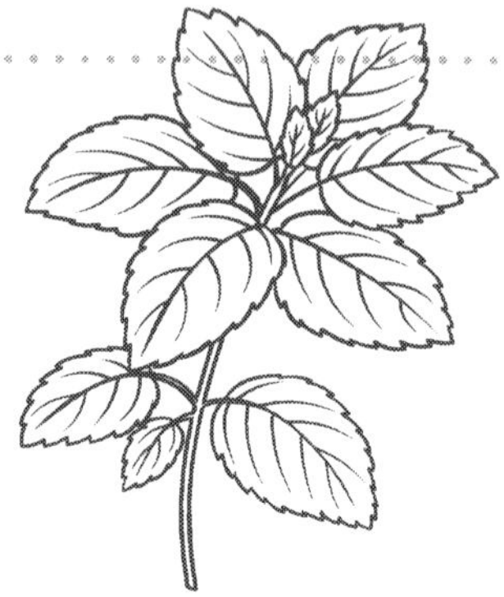

Aussaat: Vorkultur Februar bis April, Ende Mai ins Freiland, Lichtkeimer,

Pflanzenabstand 20 x 20 cm,

Blütezeit: Juli bis August,

Erntezeit -> ältere Pflanze Mai bis Oktober, Jungpflanzen ab Juli / August bis September, Von den Jungpflanzen, die Sie erst ausgesät haben, bitte noch nicht so viel abschneiden, sie brauchen viel Kraft um sich zu entwickeln und den ersten Winter zu überstehen.

Besonderheiten: mehrjährig,

Höhe: bis 90 cm, viele Sorten, Bienenweide, nährstoffreicher Boden, sonniger bis halbschattiger Standort,

Verwendung: frisch, getrocknet, tiefgekühlt, als Tee oder Kaltauszug, Salate, Süßspeisen, Pesto, Gewürz für Fisch und Hähnchen, hilft bei Depressionen, Stress, Schlafstörungen,

Oregano (Dost):

Aussaat: April bis Mai, Lichtkeimer,

Pflanzenabstand 20 x 20 cm,

Blütezeit: Juli bis September,

Erntezeit -> ganzjährig,

Besonderheiten: mehrjährig,

Höhe: bis 65 cm, anspruchslos, trockener, nährstoffarmer, kalkhaltiger Boden, warmer, sonniger Standort, üppiges Wachstum,

Verwendung: frisch, getrocknet, tiefgekühlt, als Gewürz für mediterrane Gerichte, Fleisch, Gemüse, Fisch, hilft bei Magen- und Darmbeschwerden, chronischer Bronchitis,

Petersilie:

Aussaat: Vorkultur März bis Mai, ab Mai ins Freiland,

Erntezeit -> wenn genug Blätter vorhanden sind, bis zum Frost, auf der Fensterbank ganzjährig,

Besonderheiten: einjährig,

Höhe: bis 20 cm, nährstoffreicher, kalkhaltiger Boden, sonniger bis halbschattiger Standort, **Verwendung**: frisch, getrocknet oder tiefgekühlt für Salate, Dips, Kräuterquark, Kräuterbutter, Fisch, Gemüse, Kartoffeln, Petersilienwurzel eignet sich kleingeschnitten ebenfalls zum Würzen, hilft bei Müdigkeit und Erschöpfung, Rheuma,

Portulak:

Aussaat: Sommerportulak: ab Ende Mai ins Freiland, Lichtkeimer, Winterportulak: Ende September bis Anfang Oktober, Dunkelkeimer,

Blütezeit Juni bis Oktober,

Erntezeit -> Sommerportulak: vier bis sechs Wochen nach der Aussaat bis zum Blühbeginn, Winterportulak ab Januar,

Besonderheiten: einjährig, feuchter Boden, sonniger Standort, vermehrt sich durch Selbstaussaat,

Verwendung: frisch oder tiefgekühlt als Brotbelag, Salate, Winterportulak ist in der kalten Jahreszeit ein willkommenes frische Grün mit hohem Vitamin C-Gehalt,

Rauke / Rucola:

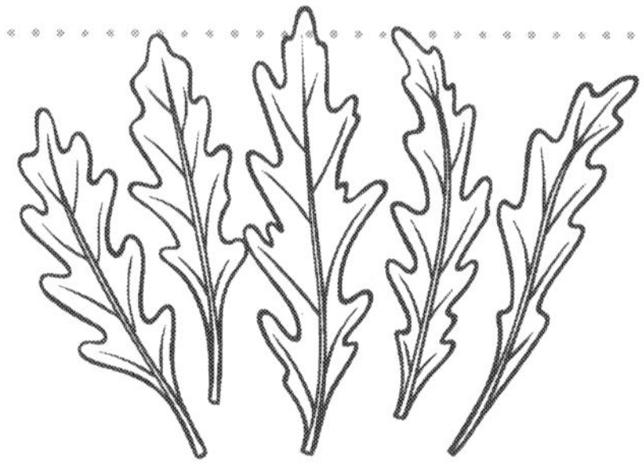

Aussaat: Vorkultur Februar bis März, ab April ins Freiland,

Blütezeit: Juli bis August,

Erntezeit -> ab Mai / Juni bis Oktober,

Besonderheiten: Es gibt einjährige und mehrjährige Sorten, nährstoffreicher, feuchter Boden, sonniger Standort, nicht nach Kohl anbauen, **Verwendung**: frisch oder tiefgekühlt für Salate, als Brotbelag, für italienische Gerichte

Rosmarin:

Aussaat: Vorkultur März bis April, Lichtkeimer,

Blütezeit: März bis Mai,

Erntezeit -> Mai bis Oktober,

Besonderheiten: Wenn Sie ihm mit entsprechendem Schutz über den Winter helfen, ist er mehrjährig.

Höhe: 70 bis 100 cm, trockener, nährstoffarmer Boden, sonniger Standort, **Verwendung**: frisch oder tiefgekühlt als Gewürz für mediterrane Gerichte, Kartoffeln, Fisch, hilft bei Reizdarm, Durchblutungsstörungen, Depressionen,

Salbei:

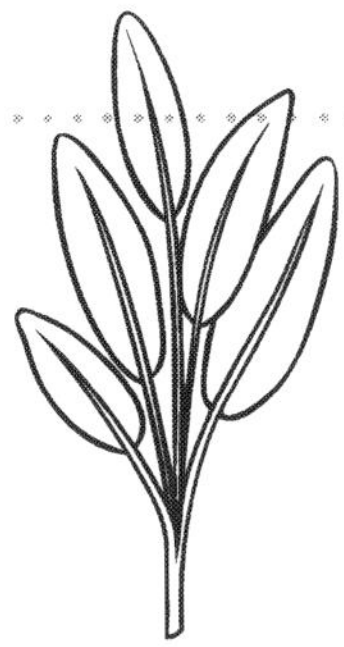

Aussaat: Vorkultur Februar bis März, im Mai ins Freiland, Lichtkeimer,

Pflanzenabstand 30 x 30 cm,

Blütezeit: Mai bis Juli,

Erntezeit -> April bis September, **Besonderheiten:** viele Sorten, einige sind mehrjährig,

Höhe: 40 bis 60 cm, nährstoffarmer, sandiger Boden, sonniger Standort, **Verwendung**: frisch und getrocknet als Gewürz, für Tee, Fleisch, Salate, hilft bei grippalem Infekt, Schwitzen, Rachenentzündung,

Schnittlauch:

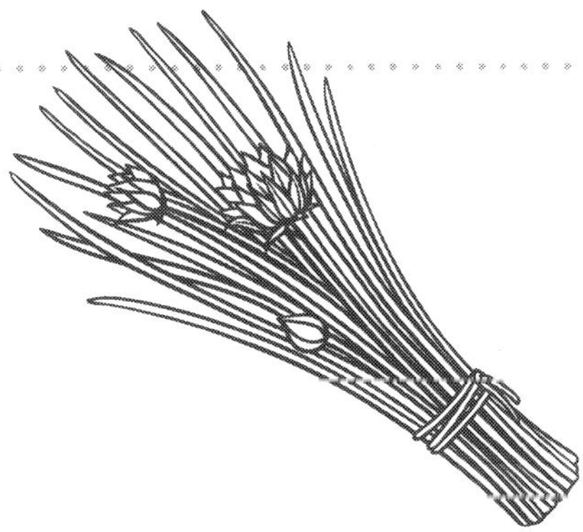

Aussaat: Februar bis März, Kaltkeimer,

Blütezeit: Mai bis August,

Erntezeit -> Mai bis September,

Besonderheiten: mehrjährig,

Höhe: 10 bis 30 cm, lehmig-sandiger Boden, sonniger bis halbschattiger Standort,

Verwendung frisch oder tiefgekühlt als Gewürz, Brotbelag, Kräuterquark, Kräuterbutter, Salate, Eierspeisen, hilft bei Appetitlosigkeit, Blasenschwäche,

Thymian:

Aussaat: April bis Juni ins Freiland, Lichtkeimer,
Pflanzenabstand 20 x 20 cm,
Blütezeit: Juni bis Oktober,
Erntezeit -> Mai bis Oktober,
Besonderheiten, mehrjährig,
Höhe: 10 bis 40 cm, sandiger, nährstoffarmer Boden, sonniger Standort,
Verwendung: frisch, getrocknet, tiefgekühlt für mediterrane Gerichte, Fleisch, Kartoffeln, Salate, hilft bei Bronchitis, Husten, Magen- und Darmbeschwerden, Menstruationsbeschwerden,

Wildkräuter

Wildkräuter gehören in jeden Permagarten. Meistens sind sie schon da, wenn Sie Ihren Garten übernehmen. Sie sind robust, pflegeleicht und vermehren sich von selbst.

Beifuß:

Aussaat: März bis April,

Blütezeit: Juni bis September,

Erntezeit -> August bis Oktober,

Besonderheiten: mehrjährig,

Höhe: nährstoffreicher, kalkhaltiger Boden, sonniger bis halbschattiger Standort,

Verwendung: frisch und getrocknet für fette Fleischgerichte, Eierspeisen, hilft bei Appetitlosigkeit, Gallenbeschwerden, Menstruationsbeschwerden, Übelkeit, Unruhe,

Brennnessel:

Aussaat: März bis April, Lichtkeimer,
Blütezeit: Juni bis Oktober,
Erntezeit -> Juni bis September,
Besonderheiten: mehrjährig,
Höhe: 150 bis 200 cm, nährstoffreicher, feuchter Boden, sonniger bis halbschattiger Standort, Wirtspflanze für die Raupen des Admirals (Schmetterling). Übrigens brennen die Blätter nur bei leichten Berührungen, fassen Sie zum Ernten beherzt zu, dann brauchen Sie keine Handschuhe.
Verwendung: Frisch als Gemüse, Suppe, geröstet als Chips, getrocknet als Tee oder Badezusatz, die Samen für Müsli und Salate helfen bei Rheuma, Gicht, Reizblase,

Giersch:

Aussaat: Frühjahr bis Herbst, Lichtkeimer,
Blütezeit. Mai bis September,
Erntezeit -> März bis Oktober,
Besonderheiten: mehrjährig, verbreitet sich rasant durch Wurzelausläufer, Wuchert Ihr Giersch zu heftig, bedecken Sie den Boden, den Sie von der Pflanze befreien möchten, über Winter mit dicker Pappe. Die Wurzeln darunter sterben zuverlässig ab. Alternativ bremsen Sie den Giersch durch Töpfe oder Pflanzkübel aus. humoser, feuchter Boden,
Höhe: 20 bis 40 cm, schattiger bis halbschattiger Standort,
Verwendung: frisch als Gemüse, Salat, Kräuterbutter, hilft bei Rheuma, Blasenentzündung, Gicht, Skorbut, wertvoller Vitamin C-Lieferant,

Johanniskraut (Echtes):

Aussaat: März bis April, Lichtkeimer,

Blütezeit: Juni bis Juli,

Erntezeit -> wenn das Kraut blüht,

Besonderheiten: mehrjährig, Höhe 40 bis 50 cm, nährstoffarmer Boden, sonniger Standort,

Verwendung: die Blüte als Tee, hilft bei Stress, Angst, Depression, Wundheilung, Johanniskrautöl hilft bei Sonnenbrand, Erfrierungen, Prellungen: Der übliche blaue Fleck oder die Beule tauchen gar nicht erst auf, wenn Sie die betreffende Stelle sofort mit Johanniskrautöl einreiben. Das Öl nimmt ebenfalls den Juckreiz bei Mückenstichen. Tragen Sie zum Abstreifen der Blätter und Blüten vom Stängel unbedingt Handschuhe, Sie haben sonst tagelang intensiv rostrot gefärbte Hände.

Sauerampfer:

Aussaat: März bis April, Lichtkeimer,

Blütezeit: Mai bis September,

Erntezeit -> Mai bis 24. Juni, danach wird in der Pflanze, ähnlich wie bei Rhabarber, der Oxalsäuregehalt zu hoch und kann zu Magenirritationen führen. Besonders hoch ist der Oxalsäuregehalt in Blättern, die sich schon rot verfärbt haben.

Besonderheiten: mehrjährig, Verbreitet sich extrem schnell über Ihren ganzen Garten.

Höhe: 25 bis 50 cm, nährstoffreicher, leicht feuchter Boden, sonniger bis halbschattiger Standort,

Verwendung: frisch in Salaten, Kräuterquark, Gemüse, hilft bei Blutarmut, Magen- und Darmbeschwerden,

Spitzwegerich / Breitwegerich:

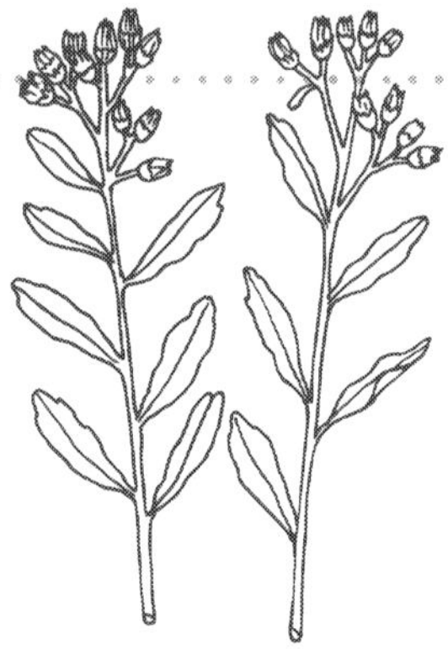

Aussaat: März bis April,

Pflanzenabstand 20 x 20 cm,

Blütezeit: Mai bis September,

Erntezeit -> Mai bis Oktober,

Besonderheiten: Spitzwegerich ist mehrjährig, Breitwegerich einjährig,

Höhe: 10 bis 20 cm, nährstoffreicher, leicht feuchter Boden, sonniger bis halbschattiger Standort,

Verwendung: frisch, Salate, Pestos, Kräuterquark, Gemüse, Die Samen des Breitwegerichs schmecken wie kleine Nüsse und sind perfekt, um sie über Ihr Müsli oder Ihren Salat zu streuen. hilft bei Husten, Halsschmerzen, Wundheilung, Insektenstichen,

Taubnessel:

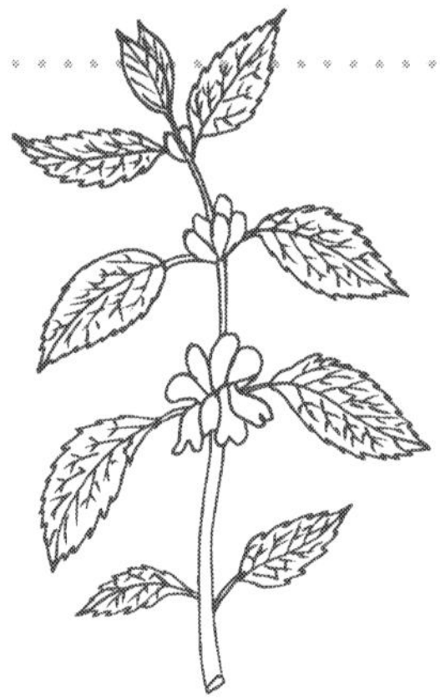

Aussaat: Oktober bis März, Kaltkeimer,

Pflanzenabstand: 25 x 25 cm,

Blütezeit: April bis Oktober,

Erntezeit -> Mai bis September,

Besonderheiten: mehrjährig,

Höhe: 50 bis 70 cm, keine besonderen Ansprüche an den Boden, halbschattiger bis schattiger Standort, Bienen- und Hummelweide,

Verwendung: frisch oder getrocknet für Salate, Gemüse, Tee, essbare, süße Blüten, hilft bei Verdauungsbeschwerden, Rachenentzündungen,

Vogelmiere:

Aussaat: März, Vogelmiere ist wahrscheinlich schon in Ihrem Garten zu Hause, sie vermehrt sich von selbst.

Blütezeit: ganzjährig,

Erntezeit -> ganzjährig,

Besonderheiten: einjährig, nährstoffarmer Boden, sonniger, halbschattiger bis schattiger Standort,

Verwendung: frisch oder tiefgekühlt aufs Butterbrot, Salate, Eierspeisen, im Winter und Frühling willkommenes, frisches Grün und Vitamin C-Spender, hilft bei Husten, Gelenkrheuma,

Wermut:

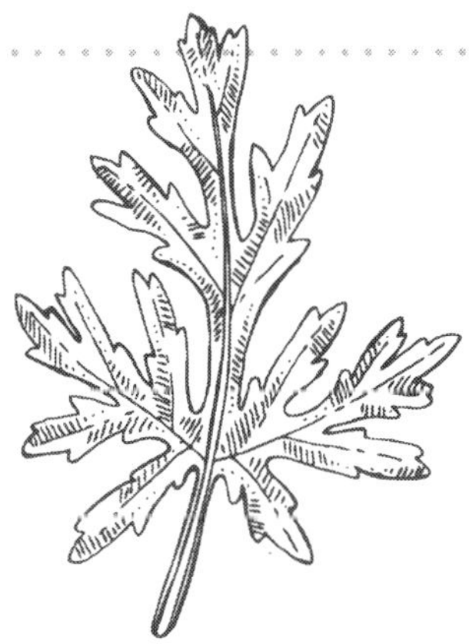

Aussaat: März bis Mai, Lichtkeimer, sät sich selbst aus,

Pflanzenabstand 25 x 25 cm,

Blütezeit: Juli bis September,

Erntezeit -> Juni bis September,

Besonderheiten: mehrjährig, Höhe 50 bis 100 cm, nährstoffarmer, kalkhaltiger Boden, sonniger Standort,

Verwendung: deftige Fleischgerichte, Spirituosen, Wein, hilft bei Magen- und Darmbeschwerden, Gallenbeschwerden, Verstopfung,

Kapitel 6.3. Was gibt es zu beachten?

Kräuter selbst auszusäen macht viel Spaß, ist aber nicht immer notwendig. Beispielsweise brauchen Sie vom Oregano, Rosmarin, Thymian eine oder zwei Pflanzen. Die können Sie sich bei einem guten Gärtner im Topf kaufen und auspflanzen.

Viele Kräuter sterben im Herbst ab, bzw. ziehen sich in die Erde zurück, um im nächsten Frühjahr wieder auszutreiben. Müssen Sie nun den ganzen langen Winter auf frisches Grün verzichten? Aber nein, setzten Sie Anfang September Petersilie, Basilikum, Rauke oder Schnittlauch in Töpfchen und stellen Sie sie an ein helles Fenster. Als Dankeschön werden Sie den ganzen Winter über mit jungen Trieben versorgt. Dill keimt nicht nur auf einem Gartenbeet, er sprießt ebenso gut in einem Topf am Fenster. Rosmarin sollten Sie immer im Haus überwintern. Milde Winter übersteht er draußen, leider weiß im September noch niemand, wie der Winter wird, nicht einmal Alfred der Wetterfrosch.

Einjährige Kräuter, Kresse, Dill sollten Sie im Abstand von zwei Wochen aussäen, dann können Sie immer frisch ernten.

Mehrjährige Kräuter, Oregano, Salbei, Rosmarin lieben es, wenn Sie Blätter oder Triebspitzen abschneiden. Je mehr Sie ernten, umso mehr treiben sie aus, umso buschiger werden sie.

Den optimalen Erntezeitpunkt für Kräuter erwischen Sie, wenn Sie während oder kurz vor der Blütezeit ernten. Dann ist das Aroma besonders stark.

Viele Kräuter lassen sich trocknen, an einem luftigen Ort im Schatten aufgehängt oder auf Backpapier ausgebreitet. Sind die Blättchen trocken, bewahren Sie Ihre Schätze in Glasgefäßen auf. Licht zerstört wertvolle Inhaltsstoffe, verbannen Sie es durch dunkle Gefäße und dunkle Aufbewahrungsorte. Dann können Sie den ganzen Winter Ihre eigenen

Gewürz- und Teemischungen kreieren. Sie werden sehen, wie viel Spaß es macht, zu jedem Gericht die passenden Gewürze zusammenzustellen. Je nach Lust, Laune und Gemütszustand haben Sie immer den perfekten Tee parat.

Um die Wildkräuter in Ihrem Garten brauchen Sie sich nicht viel zu kümmern. Sie suchen sich ihren optimalen Standort allein und sind meistens anspruchslos. Wird der Sommer zu trocken, gönnen Sie ihnen etwas Wasser.

Kapitel 6.4. Wie erzeugen Sie einen wirksamen Pflanzenschutz?

Wirksamer Pflanzenschutz ohne Chemie war für unsere Vorfahren ganz normal. Jahrhundertelange Erfahrung brachte den Erfolg. Lassen Sie in Ihrem Permagarten dieses Wissen wieder lebendig werden.

Ein lästiges Insekt ist der Kartoffelkäfer. Schützen Sie Ihre Kartoffeln durch Brennnesseln, die am Beetrand wachsen. Dill und Tomaten halten den Kohlweißling auf Abstand, er verabscheut den starken Geruch.

Schnittlauch vertreibt Käfer und Mehltaupilze und ist gleichzeitig die Lieblingsspeise von Regenwürmern. Obendrein werden seine Blüten gern von Bienen besucht. Warum pflanzen Sie nicht eine Beeteinfassung aus Schnittlauch? Nebenbei haben Sie immer etwas Gesundes auf Ihrem Butterbrot.

Mit Thymian schützen Sie Ihre Gemüsepflanzen vor gefräßigen Schnecken. Verteilen Sie überall im Garten Thymianstauden, das stört nicht und schon sind Sie die Plagegeister los. Da Thymian ein Bodendecker ist, eignet er sich hervorragend als Rasenersatz. Kerbel hat den gleichen Effekt auf Schnecken. Die Möhrenfliege mag den Geruch von Studentenblumen nicht. Eine Reihe der unermüdlichen Blühpflanze um das Möhrenbeet oder zwischen die Möhrenreihen gepflanzt, genügt schon. Blatt- und andere Läuse halten Sie mit Kerbel im Zaum. Alternativ funktionieren Jauchen aus Brennnessel, Ackerschachtelhalm oder Wermut.

Jauche aus Rainfarn hilft gegen die Weiße Fliege und Raupen.

Für eine Pflanzenjauche zerkleinern Sie die entsprechende Pflanze und übergießen Sie mit reichlich Wasser. Der Eimer bekommt einen Deckel und dann heißt es wieder einmal warten. Nach ca. 3 Wochen haben sich die Pflanzen durch Gärung zersetzt. Die entstandene Jauche ist nichts für empfindliche Nasen. Wenn die Flüssigkeit nicht mehr schäumt, sieben Sie die restlichen Pflanzenbestandteile aus. Nun ist es so weit, verdünnen Sie einen Liter Jauche mit 10 Litern Wasser und Sie haben eine gebrauchsfertige Pflanzenjauche. Sie wirkt nicht nur gegen Schädlinge, in Ihrer Jauche ist viel Stickstoff und Kali, der die Pflanzen zusätzlich stärkt. Regenwürmer lieben Pflanzenjauche, von weit her kommen sie angekrochen und feiern eine unterirdische Wurmparty. Duftsäckchen aus Wermut oder Lavendel vertreiben Mücken und Motten, letztere bevorzugt aus Kleiderschränken.

Bei Florfliegenlarven, Marienkäfern und Gallmücken stehen Blattläuse ganz oben auf der Speisekarte. Laden Sie die Tierchen herzlich ein, bzw. gibt es für akute Fälle die Nützlinge im Handel zu kaufen. Sie brauchen sie nur noch aus ihrer Transportschachtel zu lassen.
Zu ganz üblen Gartenbewohnern gehören Wühlmäuse. Sicherlich gibt es Fallen für sie, nur sind die Mäuse oft intelligent genug, sie zu meiden. Sie als Mensch sind noch intelligenter und können hier lesen, wie Sie Wühlmaus und Co aus Ihrem Garten vertreiben. Wühlmäuse haben etwas gegen den Geruch von Zwiebeln und Knoblauch. Pflanzen Sie an alle gefährdeten Stellen Zwiebeln oder Knoblauch, zu allem Wurzelgemüse und unter Obstbäume. Die überschüssigen Zwiebeln können Sie trocknen und für den Winter aufbewahren.

Das funktioniert im Sommer sehr gut, nur was tun Sie im Winter? Auch da gibt es eine Lösung. Stecken Sie Holz- oder Eisenstäbe, etwa fingerdick und 1 bis 1,5 m lang, in den Boden. Darauf stecken Sie jeweils eine leere Plastikflasche, die Öffnung nach unten. Bei Wind wird sich diese Flasche bewegen und ein klapperndes Geräusch verursachen. Wühlmäuse hassen dieses Geräusch! In Windeseile werden sie Ihren Garten verlassen. Übrigens, je größer die Öffnung der Flasche, desto besser klappert sie. So einen Wühlmausschreck sollten Sie neben jeden frisch gepflanzten Obstbaum stecken. Im zeitigen Frühjahr sind frische Baumwurzeln eine Delikatesse für Wühlmäuse. Sie wären nicht der erste, der sich wundert, warum sein umhegtes Bäumchen nicht austreibt. Der Baum lässt sich einfach aus der Erde ziehen, weil er statt einer Wurzel nur noch einen abgefressenen Stummel hat.

Kapitel 7. Tiere im Permagarten

In einem Permagarten spielen Tiere eine wichtige Rolle. Viele Kreisläufe funktionieren nur mit tierischer Unterstützung. Und was wäre ein Garten ohne Schmetterlinge, die in der Luft gaukeln, ohne Bienensummen, ohne Krabbelkäferchen, ohne Vogelgezwitscher? Nur ein kalter, steriler, langweiliger Ort, an dem noch dazu kaum etwas wachsen würde.

Kapitel 7.1. Welche Tiere sind nützlich?

Wildtiere:

Wildbienen:

Bestäubung, Es gibt über 500 Arten, mache Arten sind Nahrungsspezialisten, sie ernähren sich nur von einer Pflanzenart.
Hilfe: Nisthilfen, Insektenhotel, Totholz, Bienenweidepflanzen

Fledermäuse:

vertilgen Mücken und nachtschwärmende Insekten (Apfelwickler), Eine einzige Zwergfledermaus frisst bis zu 4.000 Mücken in einer Nacht.
Hilfe: Fledermauskasten, Zugang zum Dachboden durch spezielle Dachsteine

Florfliegen:

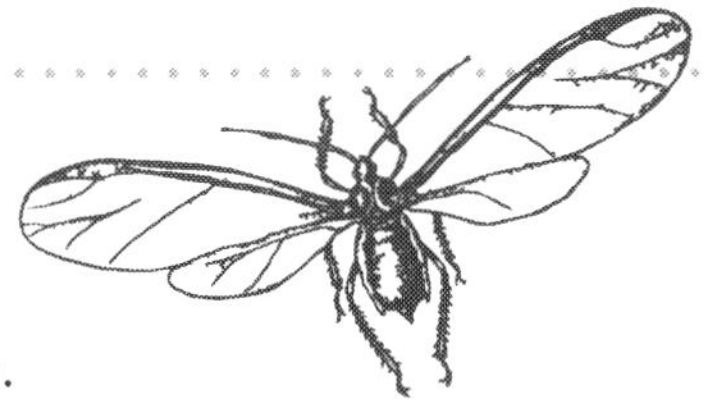

Ihre Larven (Blattlaus-Löwen) sind gierig nach Blattläusen.
Hilfe: Ein roter, mit Weizenstreu gefüllter Holzkasten zum Überwintern.
Anlocken mit Katzenminze

Igel:

fressen Raupen, Schnecken, Würmer,
Hilfe: Igelhaus, im Herbst Laubhaufen liegenlassen, Totholzhaufen

Hummeln:

Bestäubung, Fliegen schon ab Temperaturen von 3 Grad und bestäuben früh blühende Bäume und Pflanzen, wenn Bienen noch nicht unterwegs sind. Nahrungsspezialisten, Die meisten Hummelarten bevorzugen einige wenige Pflanzen.
Hilfe: Hummelburg, Obstbäume, Beerensträucher, Haselnuss, Weigelie, Linde, Weide, Sand-, Moos- und Holzhaufen anbieten

Kompostwürmer:

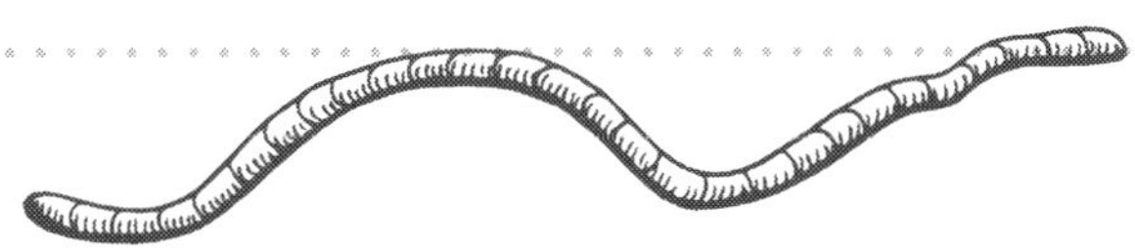

zersetzen Abfälle / Kompost zu wertvollem Humus, Lockern den Komposthaufen auf, Unterschied zum Regenwurm: kleiner, braucht Temperaturen zwischen 20 und 25 Grad, hält sich in den oberen Bodenschichten auf,
Hilfe: Komposthaufen immer feucht und schattig halten, Kompostwürmer mögen am liebsten Kaffeesatz und Stallmist,

Marienkäfer:

Larven und ausgewachsene Käfer fressen Blattläuse, Schildläuse und Spinnmilben,
Hilfe: Überwinterungskasten siehe Florfliegen bzw. Laub- oder Totholzhaufen,

Ohrenwürmer:

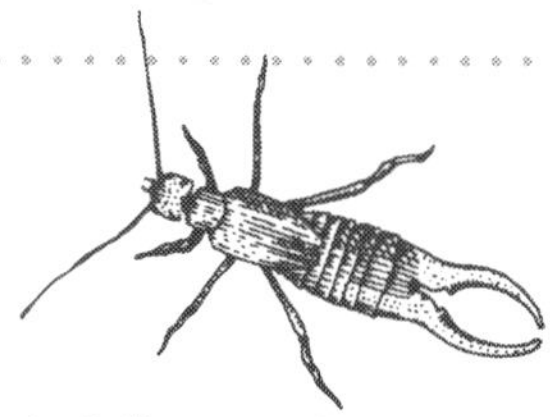

fressen Blattläuse und andere Schädlinge samt deren Eier,
Hilfe: Laub- und Totholzhaufen, Tontopf umdrehen, mit Stroh füllen und an einen Ast hängen, Übrigens: Sie brauchen keine Angst vor den harmlosen Tierchen zu haben, entgegen aller Legenden kneifen sie niemanden in die Ohren. Im Mittelalter zerrieb man tote Ohrwürmer und verwendete das Pulver gegen Ohrenschmerzen, daher der Name.

Regenwürmer:

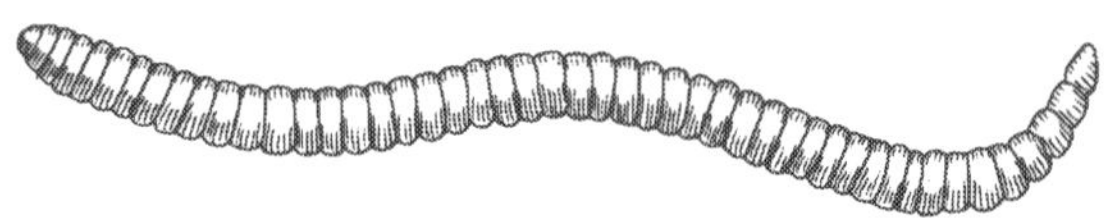

lockern den Boden, Sie produzieren Humus, indem sie Pflanzenreste fressen und wieder ausscheiden.
Hilfe: naturbelassener Garten,
Anlocken mit Schnittlauch,

Schmetterlinge:

Bestäubung, Larven und Raupen sind Nahrungsquelle für Vögel,
Hilfe: blühende Pflanzen vom Frühjahr bis zum Herbst,
Anlocken: Sommerflieder, Sonnenhut, Klee, Distel, Löwenzahn, Phlox, Ringelblume, Geranien, Der Schwalbenschwanz liebt vor allem die hängenden Arten.

Spitzmäuse:

fressen Insekten, Larven, Schnecken, Sie sind reine Fleischfresser, fressen keine Pflanzen. Es sind auch keine Krankheiten bekannt, die von den possierlichen Tierchen übertragen werden.

Hilfe: Unterschlupfmöglichkeiten, Stein- und Totholzhaufen,

Schwebfliegen:

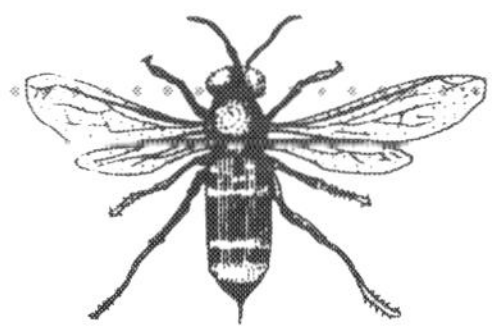

fressen Blatt- und Blutläuse, Um von ihren Fressfeinden verschont zu werden, haben sie ihr äußeres Erscheinungsbild so angepasst, dass sie aussehen wie wehrhafte Wespen. Der Fachmann nennt das Mimikry. Schwebfliegen erkennen Sie daran, dass sie nicht summen. Sie sind vollkommen harmlos, sie haben noch nicht einmal einen Stachel. Wenn um Ihren Sonntagskuchen nichtsummende schwarz-gelb gestreifte Kerlchen herumschwirren, keine Panik, das sind nur Schwebfliegen. Sie können, ähnlich wie Kolibris, in der Luft „stehenbleiben“, sehr interessant.

Anlocken: Wilde Möhre, Sumpfdotterblume, Giersch, Liguster, Bärlauch, Schwarzdorn, Himbeere,

Vögel:

fressen Insekten, Blattläuse, Maden, Raupen und Würmer,

Hilfe: Sträucher und Bäume anpflanzen, Nisthilfen anbieten, Vogeltränke im Sommer, Futterhäuschen im Winter

Nutztiere

Ganz wichtig hierbei ist, dass Sie Ihre Tiere artgerecht halten. Egal welches Tier Sie sich anschaffen, es braucht einen wettergeschützten Platz, an den es sich zurückziehen kann, ausreichend Futter und Wasser, Pflege und Zuwendung.

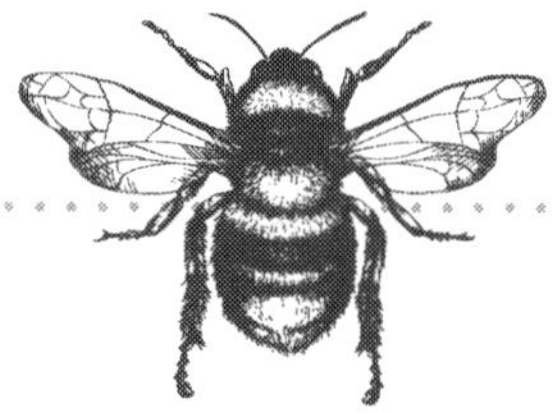

Honigbienen:

Bestäubung, Ein eigener Bienenstock im Garten und die Obsternte ist gerettet, wenn nicht Spätfröste alle Hoffnungen zerstören. Außerdem liefern die fleißigen Bienchen leckeren Honig fürs Frühstücksbrötchen. Auch nach der Obstblüte möchten die Bienen blühende Pflanzen im Garten finden.

Hühner:

perfekt für den Permagarten, fressen Schnecken und anderes Ungeziefer, verwandeln Gemüsereste in Eier, Fleisch und wertvollen Dung. Zum Ausgleich schützt der Garten sie durch Obstbäume und Sträucher vor Feinden aus der Luft (Habicht). Für Veganer und Vegetarier bieten sich Rassen wie Seidenhühner, Zwergseidenhühner, Cochin oder Zwerg-Cochin an. Das sind niedliche Zierhühner, die handzahm werden und wild auf Streicheleinheiten sind. Vor allem den puschligen Seidenhühnern kann kaum jemand widerstehen. Sie legen kaum Eier, bieten dabei alle anderen Vorteile. Über die Eier freut sich bestimmt ein netter Gartennachbar und vielleicht rückt er im Gegenzug einen Ableger der von Ihnen heiß begehrten Pflanze in seinem Vorgarten heraus. Wenn Sie zwischen den Dung regelmäßig EM-Kulturen (Effektive Mikroorganismen) sprühen, zersetzt er sich schneller und der Geruch wird neutralisiert. Nachbars empfindliche Nase und das freundschaftliche Verhältnis werden geschont.

Kaninchen:

verwandeln Gemüsereste in Fleisch und Dung. Sie müssen nicht zwingend in die Pfanne wandern, es sind ebenso beliebte Kuscheltiere.

Schafe / Ziegen:

helfen dabei, das Gras kurzzuhalten, verwandeln Gras und Gemüsereste in Dung, Wolle, Fleisch, eventuell sogar Milch, Käse usw. Schafe oder Ziegen bieten sich an, wenn Sie einen großen Garten haben.

Schweine:

Schweine können in einem mobilen Gehege mit mobilem Unterstand unter hohen Obstbäumen wohnen. Die Schweine fühlen sich im Schatten sauwohl, verputzen Gemüsereste und -abfälle und Ihre Bäume freuen sich ebenfalls. Lockern die Schweine mit ihrem Rüssel doch den Boden auf und lassen am anderen Ende Dünger fallen.

Kapitel 7.2. Wie ziehe ich die richtigen Tiere an?

Das ist gar nicht schwer. In einem naturnahen Garten siedeln sich viele Tiere von allein an. Wenn Sie es geschickt anstellen, ziehen Arten ein, die Ihnen bei der Gartenarbeit helfen. Es mag etwas unordentlich aussehen, wenn Sie im Herbst einen oder zwei Laubhaufen liegenlassen oder das Holz vom Zurückschneiden unter den Büschen drapieren, Ihren tierischen Untermietern wird es gefallen. In einer Ecke sollten Sie Brennnesseln, Disteln und anderen Wildpflanzen einen Platz einräumen. Für viele Schmetterlingsraupen sind sie überlebensnotwendig. Gleich daneben sorgt ein Stapel Totholz und ein Steinhaufen für Unterschlupfmöglichkeiten. Eine Hecke bietet Schutz, Nahrung und Nistmöglichkeiten, vorn eine bepflanzte Trockenmauer, eingerahmt von einer wilden Rose, damit wird die Wildecke ein Blickfang. Dazu passen eine Vogel- und eine Insektentränke, beide können Sie leicht selbst basteln. Die Insektentränke ist eine flache Schale, gefüllt mit Kieselsteinen und Wasser, bei der Vogeltränke sind die Steine größer. Die Tiere landen auf den Steinen und können bequem trinken.

Eine weitere Möglichkeit ist ein Insektenhotel. Kaufen Sie bitte kein Billigteil aus dem Baumarkt, außer Sie möchten das Teil nur zu Dekorationszwecken aufstellen. Ein gutes Insektenhotel muss mindestens 10, besser 12 cm tief sein. Die Nisthöhlen von Wildbienen sind 9 bis 10 cm tief, in flachere Röhren ziehen sie nicht ein. Die Innenwände der Röhren müssen glatt sein, sonst verletzen die Tierchen sich die Flügel und ein Insekt mit eingerissenem Flügel ist nicht überlebensfähig und stirbt.

Erdwespen und Erdbienen können Sie etwas Gutes tun, wenn Sie ihnen einen Kübel 25 bis 30 cm hoch mit Sand füllen. Der Kübel braucht ein Loch im Boden, dass mit größeren Steinen als Drainage abgedeckt wird. Den Kübel können Sie ganz oder teilweise eingraben.

Eine Wildblumenwiese und andere blühende Pflanzen versorgen die Insekten mit

Nahrung, für die gefiederten Freunde, lassen Sie ein paar Beeren an den Sträuchern. Sie bedienen sich auch gern an Wildobststräuchern wie Holunder, Kornelkirsche oder Sanddorn.

Es ist wichtig, dass Bienen und Hummeln vom Frühjahr bis in den Herbst genug Pollen und Nektar finden. Für den zeitigen Frühling pflanzen Sie Blumenzwiebeln, dann kommen die Weiden und Obstbäume, gefolgt von Sommerblumen und -sträuchern. Säen und pflanzen Sie nach Möglichkeit einheimische, alte Sorten mit einfachen Blüten. Die hochgezüchteten, gefüllten Blüten bilden keinen Nektar aus, sie sehen zwar hübsch aus, sind für Insekten leider wertlos. Viele Kräuter, Lavendel, Thymian, Borretsch usw. sind wahre Insektenmagnete. Auf abgeerntete Beete lassen sich im August noch gut Phacelia und Lupinen säen, das ist gut für Ihren Boden und beide sind prima Bienenweiden.

Übrigens, Wildbienen und auch Honigbienen sind friedliche Tiere. Honigbienen stechen nur im Notfall, wenn sie gestört oder bedrängt werden. Die Biene stirbt nach dem Stich, also wird sie es sich überlegen, ob es sich lohnt, ihren Stachel einzusetzen. Der Stachel der meisten Wildbienen richtet keinen Schaden an. Er ist so kurz, dass er die menschliche Haut nicht durchdringen kann.

Schlusswort

Ihr Permagarten ist keine Gemüseabteilung im Supermarkt, wo es zu jeder Jahreszeit alles gibt. Ihr Garten versorgt Sie mit allem, was die jeweilige Saison zu bieten hat. Sie genießen voll ausgereiftes Obst und Gemüse direkt vom Beet. Das Aroma hatte Zeit, sich in der Sonne voll zu entwickeln. Alle Nährstoffe, Vitamine und sekundären Pflanzenstoffe sind in Ihren selbst geernteten Früchten zu finden. Sie können Nahrungsergänzungsmittel, Vitaminpillen und andere chemische Keulen von Ihrer Einkaufsliste streichen. Ihr Permagarten beliefert Sie damit auf ganz natürliche Weise. Der Geschmack einer Erdbeere aus dem eigenen Garten, vollreif im Juni geerntet, ist etwas völlig anderes als die wässerigen Erdbeeren, die Sie im Januar zu kaufen bekommen. Es lohnt sich, ein Jahr darauf zu warten. Greifen Sie im Januar zu den Äpfeln oder Möhren, die Sie eingelagert haben. Vielleicht haben Sie ein Frühbeet, in dem schon im Winter etwas Grünes sprießt. Dann gibt es einen leckeren Salat dazu. Im Winter bietet es sich an, auf dem Fensterbrett Keime und Sprossen zu ziehen, prima Vitaminspender.

Nicht jedes Jahr ist in der Natur gleich. In einem heißen, trockenen Sommer gedeihen andere Pflanzenarten als in einem nassen eher kühlen Jahr. Während in einem kalten Winter bei uns normalerweise winterharte Pflanze erfrieren, überleben in einen milden Winter manchmal wärmeliebende Arten, die eigentlich am Mittelmeer zu Hause sind. Betrachten Sie es als Herausforderung und entwickeln Sie sich und Ihren Garten weiter.

Sie werden mit Ihrem Garten wachsen, immer wieder neue Pflanzenarten entdecken und ausprobieren, neue Bereiche Ihres Grundstückes erschließen. Entdecken Sie die Welt der Kräuter: Gewürzmischungen, Tees, Heilsalben, selbstgemachte Cremes und Shampoos ohne Mikroplastik. Ihr Permagarten ist der perfekte Ort, um all Ihre Ideen und Wünsche in die Tat umzusetzen. Einen Teich oder das langersehnte Gewächshaus bauen, zu einer gesunden Lebensweise finden. Irgendwann ziehen eventuell ein paar Hühner oder Kaninchen ein und Sie blicken in Richtung Selbstversorgung. Es wird Ihnen immer leichter fallen, mit der Natur im Einklang zu leben.

Für den ordnungsliebenden Nachbarn mag der Permagarten wie eine Wildnis erscheinen. Für Sie als Permagärtner ist diese Wildnis ein magischer Ort des Wohlbefindens, der Ruhe und Gelassenheit. Hier, wo die Gesetze der menschlichen Gesellschaft keine Rolle spielen, finden Sie zurück zu einem gesunden Lebensstil. Dieses funktionierende Ökosystem können Sie an Ihre Kinder und Enkel weitergeben.

Permagarten bedeutet ein Leben in der Natur, mit der Natur, ohne Chemie, ohne Gentechnik.

Kopiervorlagen

Permakultur Zonen

Woher kommt der Wind am häufigsten?

Gibt es besonders zugige Ecken?

Wo ist es relativ windstill?

Wie ist der Lauf der Sonne?

Welche Bereiche Ihres Gartens bekommen die meisten Sonnenstrahlen ab?

Wo ist Halbschatten, wo ist es den ganzen Tag schattig?

Wie ändert sich die Sonneneinstrahlung im Verlauf des Jahres?

Wo sammelt sich das Regenwasser?

Wo läuft es am schnellsten ab? Wohin läuft es?

Notizen

Welche Pflanzen wachsen bisher in meinem Garten?

Welche Kräuter wachsen bisher in meinem Garten?

Für welche Tiere ist mein Garten schon ein Zuhause?

Notizen

Welches Gemüse, welche Kräuter möchten Sie anbauen? Was essen Sie und Ihre Familie am liebsten?

Wie viel Platz brauchen bzw. haben Sie?

Möchten Sie Obstbäume oder Beerensträucher pflanzen und wenn ja, welche?

Kommt eine Wildobsthecke infrage?

Was er warte ich von meinem Garten?

Wie stelle ich mir meinen Garten vor?

Wie viel Zeit kann ich für meinen Garten aufwenden?

Strebe ich eine komplette Selbstversorgung an?

Wie viele Personen möchte ich versorgen?

Notizen

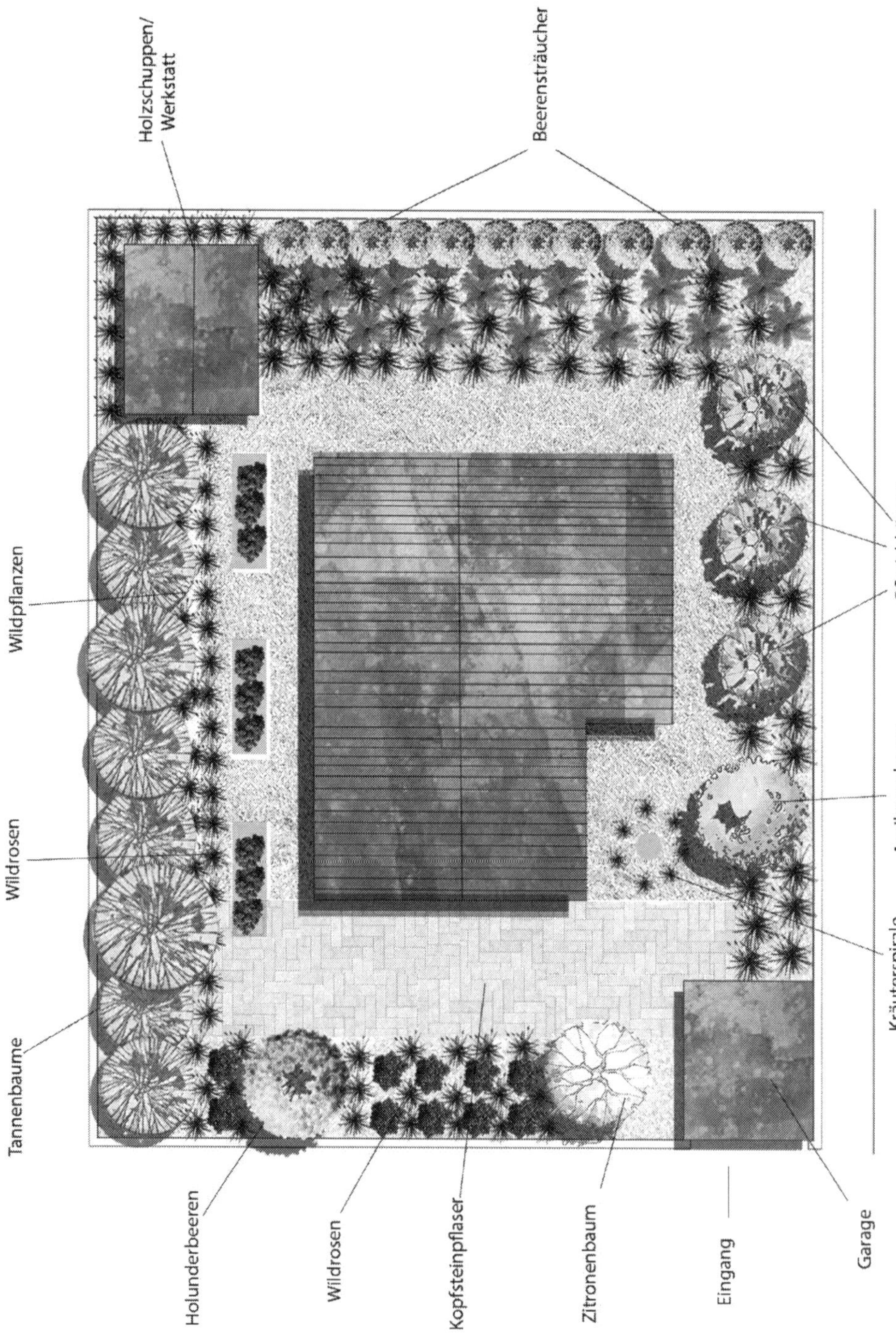
Holzschuppen/
Werkstatt
Beerensträucher
Wildpflanzen
Wildrosen
Tannenbaume
Pfirsichbäume
Aprikosenbaum
Kräuterspirale
Holunderbeeren
Wildrosen
Kopfsteinpflaser
Zitronenbaum
Eingang
Garage

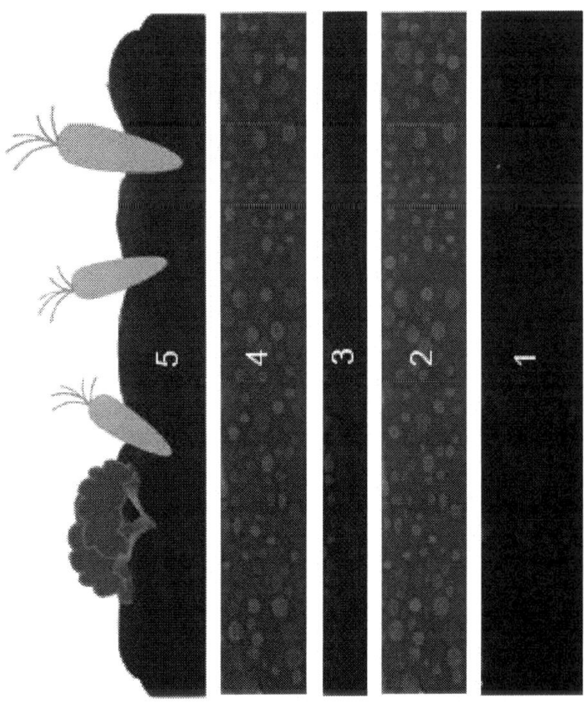

5 = Hochbeeterde

4 = Kompost

3 = Gemüseabfälle

2 = Laub

1 = Zerkleinerte Äste, Zweige und Rindenstücke

5. Pflanzenerde
4. Gemüseabfälle
3. Laub, Dung, Grass-Schnitt
2. Grassoden
1. Baumschnitt
5
4
3
2
1

Name	Gute Nachbarn	Schlechte Nachbarn
Bohnen	Bohnenkraut, Mischkultur mit Mais, Stangenbohnen und Kürbis	Zwiebeln, Fenchel
Blumenkohl, Brokkoli, Romanesco	Buschbohnen, Erbsen, Spinat, Rote Bete, Sellerie,	Kartoffeln, Knoblauch, Kohl, Rhabarber, Zwiebeln, Porree
Chili	Tomaten, Gurken, Möhren, Kohl	Rote Bete, Fenchel, Erbsen
Kartoffeln	Kohlrabi, Dicke Bohnen, Kohl, Mais, Spinat	
Knollenfenchel	Blumenkohl, Radieschen, Salat	
Kohl	Gurken, Erbsen, Buschbohnen	
Kohlrabi	Erbsen, Bohnen, Kartoffeln, Salat, Tomaten, Rote Bete, Sellerie, Spinat	
Kürbis	Mais, Sonnenblumen, Bohnen, Erbsen	Kartoffeln
Mais	Bohnen, Erbsen	
Mangold	Bohnen, Erbsen, Dill, Fenchel, Salat, Rote Bete, Zwiebeln, Sellerie,	Tomate, Kartoffeln, Rettich, Radieschen
Paprika	Tomaten, Gurken, Möhren, Kohl,	Rote Bete, Fenchel, Erbsen

Porree / Lauch	Kohl, Möhren, Sellerie, Kohlrabi,	Bohnen, Erbsen, Rote Bete
Pastinaken	Möhren, Erbsen, Zwiebeln, Dill, Rote Bete, Ringelblumen, Mais, Salat	
Radieschen	Erbsen, Bohnen, Kohl, Salat, Möhren	
Rote Bete	Knoblauch, Kohl, Gurken, Koriander, Dill,	Kartoffeln, Spinat, Mais
Salat	Erbsen, Bohnen, Erdbeeren, Kohl, Gurken, Möhren, Radieschen, Rote Bete, Tomaten, Zwiebeln,	Sellerie
Schwarzwurzeln	Bohnenkraut, Erdbeeren, Gurken, Kartoffeln, Kohlrabi, Salat, Kohl, Mangold, Sellerie, Tomaten	Fenchel, Erbsen, Porree, Zwiebeln
Sellerie	Bohnen, Spinat, Gurken, Kohl, Kohlrabi, Porree, Tomaten	
Spinat	Gurken, Kohlrabi, Kohl, Kartoffeln, Bohnen, Tomaten,	Rote Bete
Tomate	Kohlrabi, Kohl, Salat, Knoblauch, Brennnessel	Gurke, Fenchel, Kartoffeln
Zwiebeln	Möhren, Rote Bete, Bohnenkraut, Erdbeeren, Salat,	Erbsen, Bohnen, Kohl

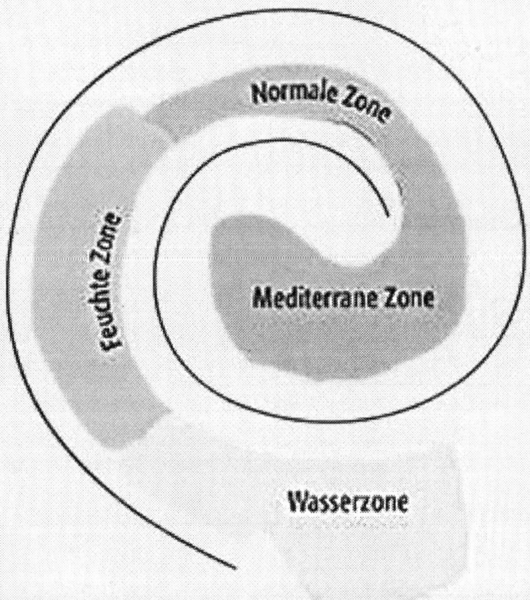

Feuchte Zone:
- Petersilie
- Schnittlauch
- Minze
- Bärlauch
- Dill
- Kerbel

Normale Zone:
- Pimpinelle
- Estragon
- Majoran
- Koriander
- Oregano
- Zitronenmelisse.

Mediterrane Zone:
- Lavendel
- Rosmarin
- Thymian

Printed in Germany
by Amazon Distribution
GmbH, Leipzig

24419995R00088